如何成為金錢

工作手冊

ACCESS CONSCIOUSNESS®

"生命裡的一切都來得輕鬆、喜悅及充滿榮耀!™"

加利·德格拉斯

如何成為金錢

版權 © 2015 Gary M. Douglas

ISBN: 978-1-63493-037-6

出版者

Access Consciousness出版有限公司

www.accessconsciousnesspublishing.com

ACCESS CONSCIOUSNESS

"生命裡的一切都來得輕鬆、喜悅而充滿榮耀"

目錄

簡　　　介

加利·道格拉斯(Access Consciousness®的創始人) 最早是從一個叫做拉斯普廷（簡稱拉茲）的存有那兒接收到這些資訊。加利已不再用通靈的方式接收資訊。以下是他在一個課程中的文字記錄。

Access 是關於幫助你去獲知你所知道的。它關於覺知，你是那個知道什麼對你是適當的人。

請將這本書當作工具使用，幫助你放棄自己創造的關於金錢的愚蠢而受限的觀點，因而為生活創造更多的輕鬆、更多的錢和現金流。

欲知 Access Consciousness®更多的關於生活各個議題的產品、課程——生意、金錢、關係、性、魔力、身體及其他，請訪問我們的網址。去做、去成為任何你要創造和啟動你的生命、生活所需的一切，成為超出你想像的你！

www.accessconsciousness.com

和一個名叫拉茲的存有通靈的現場課程記錄

　　這個關於金錢的工作坊，對我來說將是一個新體驗，不知道對你們來講會是怎樣的。確保你們準備好了筆記本和筆等，因為你們今晚將得到很多東西。就拉茲給予我的那一點點，就會令很多事情發生。再一次，他將要你們自願站到前面，成為其他人的鏡子。所以，如果你對此有顧慮，那你最好拿張毯子把自己包裹起來，好讓他看不到你，不然他會問你。不要對發生的任何事情感到難堪，因為真相是，沒有一個人沒有和你一模一樣的問題，只是形式各異罷了。你有 100 萬和 50 美分沒什麼兩樣，金錢的問題對每一個人都是不好對付的。好嗎？我們現在開始了。

工作手冊的提問

今晚我們將談談如何**成為**金錢，你現在成為的是能量，你將成為的是能量，你已經成為的是能量。那是金錢所是的能量。因為你，在今晚，將要回答我們的提問，請覺知你在回答中的誠實不僅關係到你周圍的人，還關係到你自己。你所創造的關於金錢的每一個觀點創造了你接收的各種局限和參數。

你創造的每一個東西，別人也創造。請對自己完全誠實，不然，你只是在愚弄自己而已，因為別人無論如何都能知道你的秘密。

我們要求你記住，我們即將應對的議題不是被認為輕鬆的議題，儘管它應該是輕鬆的。輕鬆很好玩兒，是個笑話，你可以笑，這沒問題。所以準備好成為你本是的開啟輕鬆的生命體。

如果你真的想要以此得到結果，那麼最好在進入下一章以前，回答所有下面的問題。

拉斯普廷：大家好！

學員們：晚上好，拉斯普廷。

拉：　你們好嗎？那麼今晚我們將說說什麼是你們真正珍愛的，什麼是錢。對你們每一個人而言，金錢不是你們認為的那個事情，我們要幫助你們開始學習如何應對金錢，不是解決一時的問題，而是如何允許豐盛——那個你本來如是的真實的自己。

好，我們馬上開始。我們問你們問題：金錢是什麼？那麼寫下 3 個金錢對於你是什麼的答案。不要把你覺得應該是什麼寫下來，不要寫"正確"的答案，因為根本就沒有那樣的答案。允許你的大腦飄走，允許你所在的真實成為紙上的答案。那麼，金錢對你來說是哪三樣東西？

問一：金錢是什麼？

答一：

_____

_____

_____

_____

答二：

_____

_____

_____

答三：

_____

_____

_____

好，大家都寫好了嗎？第二個問題是：金錢對你意味著什麼？寫下三個答案。

問二：金錢對你意味著什麼？

答一：
_____

_____

_____

_____

答二：
_____

_____

_____

答三：
_____

_____

_____

第三個問題是：當你想到金錢時，你有哪三種情緒？

問三：當你想到金錢時，你有哪三種情緒？

答一：
_____
_____
_____
_____

答二：
_____
_____
_____

答三：
_____
_____
_____

現在，下一個問題，第四個問題：金錢對你來說是什麼感覺？

問四：金錢對你來說是什麼感覺？

答一：
_____
_____
_____
_____
_____

答二：
_____
_____
_____
_____

答三：
_____
_____
_____
_____

下一個問題：金錢對你來說看起來什麼樣？

問五：金錢對你來說看起來什麼樣？

答一：
_____
_____
_____
_____
_____

答二：
_____
_____
_____
_____

答三：
_____
_____
_____
_____

每個人都準備好了嗎？下一個問題：金錢對你來說是什麼味道？把它放進嘴裡感覺一下，那是什麼味道？你們中大部分人從孩提時代起就再也沒有把錢放進嘴裡的體驗了，你現在可以用它做一個參考點。

問六：金錢對你來說是什麼味道？

答一：

答二：

答三：

下一個問題，大家都準備好了嗎？下一個問題是：當你看到金錢朝你過來時，你感覺它是從哪個方向過來的？從右邊，從左邊，從後面，從前面，從上面，從下面，從四周？你看到它從哪兒過來？

問七：當你看到金錢朝你過來時，你感覺它是從哪個方向過來？

答一：

_____

_____

_____

_____

答二：

_____

_____

_____

_____

答三：

_____

_____

_____

_____

好吧，下一個問題：在與金錢的關係中，你覺得你擁有的比你需要的多還是少？

問八：在與金錢的關係中，你覺得你擁有的比你需要的多還是少？

答一：
_____

_____

_____

_____

答二：
_____

_____

_____

答三：
_____

_____

_____

下一個：在與金錢的關係中，當你閉上眼睛，它是什麼顏色的，有多少個次元？

問九：在與金錢的關係中，當你閉上眼睛，它是什麼顏色的，有多少次元？

答一：＿＿＿＿＿＿＿＿＿＿＿＿＿＿＿＿＿＿＿＿＿＿＿＿＿
＿＿＿＿＿＿＿＿＿＿＿＿＿＿＿＿＿＿＿＿＿＿＿＿＿＿＿＿＿＿
＿＿＿＿＿＿＿＿＿＿＿＿＿＿＿＿＿＿＿＿＿＿＿＿＿＿＿＿＿＿
＿＿＿＿＿＿＿＿＿＿＿＿＿＿＿＿＿＿＿＿＿＿＿＿＿＿＿＿＿＿
＿＿＿＿＿＿＿＿＿＿＿＿＿＿＿＿＿＿＿＿＿＿＿＿＿＿＿＿＿＿

答二：＿＿＿＿＿＿＿＿＿＿＿＿＿＿＿＿＿＿＿＿＿＿＿＿＿
＿＿＿＿＿＿＿＿＿＿＿＿＿＿＿＿＿＿＿＿＿＿＿＿＿＿＿＿＿＿
＿＿＿＿＿＿＿＿＿＿＿＿＿＿＿＿＿＿＿＿＿＿＿＿＿＿＿＿＿＿
＿＿＿＿＿＿＿＿＿＿＿＿＿＿＿＿＿＿＿＿＿＿＿＿＿＿＿＿＿＿

答三：＿＿＿＿＿＿＿＿＿＿＿＿＿＿＿＿＿＿＿＿＿＿＿＿＿
＿＿＿＿＿＿＿＿＿＿＿＿＿＿＿＿＿＿＿＿＿＿＿＿＿＿＿＿＿＿
＿＿＿＿＿＿＿＿＿＿＿＿＿＿＿＿＿＿＿＿＿＿＿＿＿＿＿＿＿＿
＿＿＿＿＿＿＿＿＿＿＿＿＿＿＿＿＿＿＿＿＿＿＿＿＿＿＿＿＿＿

問十：在與金錢的關係中，現金的流入或流出，哪個更容易？

答一：
_____
_____
_____
_____
_____

答二：
_____
_____
_____
_____

答三：
_____
_____
_____
_____

下一個問題：你最糟糕的三個金錢問題是什麼？
問十一：你最糟糕的三個金錢問題是什麼？

答一：
_____
_____
_____
_____
_____

答二：
_____
_____
_____
_____

答三：
_____
_____
_____
_____

下一個問題：你有更多的金錢還是債務？

問十二：你有更多的金錢還是債務？

答：
_____

_____

_____

_____

_____

我們再給你一個問題：在與金錢的關係中，為了在你的生命中擁有金錢的豐盛，有哪三個解決你現在財務狀況的辦法？

問 13：在與金錢的關係中，為了在你的生活中擁有豐盛的金錢，有哪三個解決你現在財務狀況的辦法？

答一：
_____
_____
_____
_____
_____

答二：
_____
_____
_____
_____

答三：
_____
_____
_____
_____

好了，每個人都有答案了？有人還沒有答案？好，現在，回到問答卷的開頭，再閱讀一遍問題，問自己是否完全誠實地回答了，你寫下的答案是否真是你希望寫下的。如果不是，改正它們。

看著你們的答案，確定你在回答時是對自己誠實的。答案沒有對與錯，都是些觀點，不過如此，觀點而已。你就是從這些制約中創造了你的生活。如果你正在從宇宙的正確答案中回答，那麼你就沒有對自己誠實；因為如果那真是你的答案，你的生活就大不相同了。

金錢是什麼？對有的人來說，是汽車，對有的人來說，是房子，對有的人來說，是安全，對有的人來說，是能量的交換。但是，它是這些東西嗎？不，不是的。它是能量，正如你也是能量。你和金錢本沒有區別，是你給它加上了觀點。你把觀點加諸其上，因為你買了別人的觀點。

如果你想要改變你的財務狀況，如果你想要改變生活裡的金錢，那麼你必須學習允許一切。尤其是，當你聽到一個轉達給你的觀點時，你必須仔細地看看它，看它對你而言是否是真實的。如果是真實的，你就同意和附和並將它固化；如果不是真實的，你要不抗拒，要不反應，這樣也固化了它。即使你自己的觀點也無需同意，它們只是有趣的觀點而已。

你是什麼，你願意擁有什麼，你必須**是**。在你之內沒有的，你不會擁有。如果你把金錢視為你之外的，你無法擁有它；如果你把金錢看作你生命之外的東西，那麼你永遠也不可能擁有它，而且從你的觀點看它永遠都不足夠。

$$$$$$$$$$$$$$$$$$$$$$$$$$

第一章

金錢是什麼？

拉斯普廷：好啦，每個人都準備好了嗎？都寫完了嗎？都對你們的答案滿意嗎？好，現在我們開始談談金錢。從你們寫在紙上的關於金錢的觀點開始，你們對金錢都有自己的理解。你把自己的生活看作是你現在所處的財務狀況，你認為你的生活就是你現在擁有的，作為財務的現實——你買了這個觀點。有趣的觀點。

正如我們多次說到，關於包容和接受之間的區別。包容：你是溪流中的岩石，任何想法、主意、信念或決定流到你這裡，繞過你然後繼續流走，如果你是溪流中的岩石並且你允許的話。如果你是接受，所有的想法、念頭、信念和決定流經你，而你成為溪流的一部分，你被沖走了。

接受有三個組成部分：附和或同意，產生固化；抗拒，產生固化；反應，產生固化。現實生活中那看起來是怎樣的？如果你的朋友對你說："世界上沒有足夠的金錢。"如果你附和或同意，你會說："是，你說的對。"你使這個觀點在他和你自己的生活中固化了。如果你反對，你會想："這傢伙是想從我這兒要錢。"你也使這個觀點在他和你自己的生活中固化了；如果你對此作出反應，你說："我在我的生活裡有很多錢。不知道你哪兒出問題了。"或者你說"這對於我來說不是這樣的。"你還是買了這個觀點，你付了錢，把它放進包裡帶回了家。你把它固化在了你自己的內在。

如果你的朋友對你說："世界上沒有足夠的錢。"這只是一個有趣的觀點。每一次你聽到關於金錢的資訊，你必須立刻知曉那只是一個有趣的觀點。它無需成為你的現實，它無需發生。如果你認為借錢比還錢更容易，那麼你就固化了它，然後你創造了持續的債務。那僅僅是一個有趣的觀點而已，沒有別的了。

金錢是什麼？你們有的認為金錢是金子，有的認為金錢是汽車，有的認為金錢是房子，有的認為金錢是能量交換，有的認為是交換的一種媒介。請注意所有這些觀點都是一個固化。金錢僅僅是一種能量。在這個世界上，沒有任何事物不是能量。

請看看你們的生活。當你認為你沒有足夠的金錢時，你真的在對坐在你身旁來幫助你的天使說，你不需要更多的錢，你不需要能量。真實情況就是如此，你不需要，你是能量，你有無限的供給。你擁有超過你需要的能量去做任何你想要做的，但你沒有選擇把你自己創造為金錢、能量、力量。

對你們而言，力量是什麼? 對於你們大多數人，力量是壓倒別人，或去控制別人，或去控制自己的生活，或將你們的生活置於控制之下，或者去控制你們的財運。有趣的觀點，呢？

財運，那是什麼？它是一個古怪的程式，一個命中註定的程式。每一次你說：「我必須要有財務自由的程式」時，你是在告訴自己，你這個人沒有自由，因而你全面地限制了你的選擇和體驗。

現在，我們要你們閉上眼睛，開始從前方拉動能量，將能量拉進你身體的每一個毛孔。不是吸進來，而是拉進來。好的，現在拉動各處的能量從後方進來；再從兩側拉進能量，然後從腳底拉進能量。注意，當你拉動能量時，有好多的能量讓你唾手可得。現在，將能量變成金錢。注意到你們大部分人忽然間如何將它變得很密實。那不再是你剛才拉動的輕盈的能量了，它變得意義重大。你買入了這個觀點，金錢是意義重大的，你因而令金錢沉實。你們附和了其餘世界共同認定的觀點：這個世界是以金錢來運作的。這個世界不是以金錢來運作的，這個世界是以能量來運作的。這個世界是以能量之幣來交換的，如果你在以能量來給予和接收金錢，你將擁有豐盛。

"我是控制"是什麼意思？"我是控制"是一種理解，在合適的時間，合適的方式，不是以你設定的途徑，而是以創造力觀想，你覺知到事情得以完成，你用力量和能量與它連接，而它以其自己的時間和方式肯定會完成。而且，如果你將這四個要素（力量、創造力、覺知、控制）放在一起，允許宇宙調節每一個方面，將世界微調一下，使其為你所用，你將完全以你希望的樣子顯化它。

現在，讓我們來談一下欲望。欲望是一種情緒，你是從這個情緒裡決定進行創造。它是實相嗎？不是，它只是一個有趣的觀點。如果你想要某件衣服，你是因為你太冷或太熱，或你把鞋子已經穿破了才要買它嗎？不，你不是因為這個原因，而是很多其他原因。因為有人告訴你穿那個顏色好看，或者有人說你老穿某件襯衫，該換一件了，或者他們認為……(大笑) 好啊，我們很高興你們終於有點興致了。（大笑）

所以，欲望是你注入情緒性的需求，然後認定那就是你要堅持的現實。你，作為一個存在，作為能量、作為力量、作為創造力、作為覺知、作為控制，壓根兒就沒有欲望，一丁點兒都沒有。你不在乎你經驗什麼，你只是經驗。但是，在這個地球上，你不選擇的卻是輕鬆，選擇輕鬆意味著你即力量，你會在這個星球上顯化和平、寧靜、喜悅、歡笑和榮耀。不僅你自己如此，每一個人都如此。

你選擇減損你自己。如果你成為你本來就是的力量，你需要的就是喜悅、輕鬆而充滿榮耀地生活。

榮耀是生命生機勃勃的表達，以及一切之中的豐盛。

什麼是一切中的豐盛?一切中的豐盛是知見和實相，你和地球上每一個生命體連接，每一個分子連接，他們全部都在支援你，以及你所是的能量和力量。如果你的運作是低於此的，那麼你就是一個無能的人。

從財務不安全感的無力中，你將自己創造成渺小、無能乃至不情願的人，你不願意接受成為真正的你的挑戰——真正的你就是力量、控制、覺知和創造力。這四個要素成就了你的豐盛。因此，每天都運用它們，在你的餘生都運用它們，直到你成為它們。你還可以再加一個元素，說："我是金錢、我是金錢。"好，現在要你們跟我們一起說"我是……" 好嗎？我們開始吧。

我是力量，我是覺知，我是控制，我是創造力，我是金錢，我是控制，我是力量，我是覺知，我是創造力，我是力量，我是覺知，我是控制，我是金錢，我是覺知，我是力量，我是控制，我是覺知，我是力量，我是控制，我是金錢，我是創造力，我是喜悅。好！

現在，感覺你的能量，感覺你能量的擴展。這是你的真相，你從這裡創造出金錢流。你們每一個人都趨於把自己拉近你們稱之為身體和思想的狹小的領域。停止思考，頭腦對你是無用的工具，把它扔掉，開始從真我運作，從你的力量、從擴展的你運作。成為那個完整。現在，每人都把自己拉進你們的財務世界，你們感覺好嗎？

學員們：不好

拉：對，你們怎麼會選擇在那裡生活呢？你們是從什麼樣的限制性信念裡去運作的呢？把它們寫下來。

你從什麼樣的限制性信念裡運作生活，以創造了你的財務世界？

答：

_____

_____

_____

_____

現在，你作為力量保持擴展，去看看你內在創造出的那個財務世界，不是現實，而是你運作的那個空間。你不得不以什麼樣的限制性信念去運作呢？不要縮回到你的身體，我們可以感覺到你們正在這麼做。去接觸那個空間，但不要待在裡面。謝謝你們，現在對了。擴展出來，是的，就像這樣。不要把自己收回到那個空間。你們又在這麼做了。走出來。

我是力量，我是覺知，我是控制，我是創造力，我是金錢，我是力量，我是控制，我是創造力，我是金錢，我是力量，我是控制，我是創造力，我是金錢，我是力量，我是控制，我是創造力，我是金錢，我是覺知，我是覺知，我是覺知。謝謝你們。

現在，你們從自己的身體裡出來了。你們總是選擇把**你**縮減到你身體的大小，然後選擇一個什麼才是你能接收的制約，因為你認為只有你的身體才能接收金錢的能量。這不是真的。你是從這樣一個謊言中運作的。好，你們現在更加擴展了嗎？你們看到那個制約了，每個人都得到答案了嗎？有誰沒有答案的嗎？

學員：我沒有。

拉：好，你還沒有答案？那讓我們來看看。你覺得你的財務狀況是怎樣的？在你的身體裡感覺它——它在哪個位置？

學員：在我的眼睛部位。

拉：你的眼睛部位？你的財物狀況在那兒，所以你無法看到你在創造什麼，是嗎？

學員：是的。

拉：那麼，覺知是在你眼睛的部位嗎？啊，有趣，你現在開始走出來了，注意到了嗎？是的，你開始走出來了。你用以運作的限制性信念是"我沒有遠見，看不到將來要發生什麼，如何控制它。"是這樣的嗎？

學員：是的。

拉：很好。那麼你如何從這信念中出來呢？現在，其他所有人都瞭解你運作的限制性信念了嗎？還有誰需要幫助和貢獻？

學員：我需要。

拉：那麼你的財務狀況是什麼，它在你身體的哪個位置？

學員：在太陽神經叢和喉嚨。

拉：好的，那麼在太陽神經叢和喉嚨的是什麼呢？進到那裡面，感覺它的完整，感覺它，是的，就在那兒。好，你注意到它越來越沉重了。是啊，正如你所感覺的，每當你進入你的財務問題，越來越多的財務狀態就是那樣的（沉重）。好吧，現在調轉過來，讓它去往其他方向，現在你感覺怎樣？它在轉變了，對嗎？

學員：呃，呃

拉：你的財務信念是你沒有力量或無法說出你的真實聲音，能夠讓事情發生。

學員：是這樣的。

拉：就是這樣。好，你看到了。現在你們每個人都知道方法了，如何逆轉你們在自己身體裡和你們的世界裡創造的效果。你在哪裡感覺到了財務制約，你逆轉它們，允許它們出來，在你的外面，而非裡面。不再是你的一部分，而只是一個有趣的觀點而已，的確如此。在外面，你們確實有一個觀點，那麼可以看到它。你們從身體的受限中運作時，也同樣創造了對你們靈魂的制約。現在，有誰感到眩暈的？有人嗎？

學員：我覺得。

拉：有點兒暈是嗎？好吧，有點兒暈。你為什麼暈？那不是你感到金錢信念的地方？它們像是把你甩出去，你不知道如何對付它們？把那個暈放到你頭部的外面，感覺它，感覺它。現在你在擴展了。你看它不再是一種你頭部無法掌控的東西了。沒有什麼東西是無法掌控的，那完全是胡扯！唯一控制你的東西是你運作的紅燈，和告訴你前行的綠燈，這是在你駕駛汽車的時候。你為什麼在身體裡聽從這些綠燈和紅燈的指令？是巴甫洛夫的訓練造成的嗎？現在，我們要求你們回到最初的問題。第一個問題是什麼？

學員：金錢是什麼？

拉：金錢是什麼？金錢對於你們是什麼呢？答案。

學員：我的第一個回答是力量；第二個是移動性；第三個是成長。

拉：很好。這些回答裡哪個是真實的？

學員：力量。

拉：真的嗎？

學員：力量，完全正確。

拉：它真的是嗎？你認為金錢是力量？你有金錢嗎？

學員：沒有。

拉：所以你沒有力量？

學員：沒有。

拉：你是這麼感覺的？無力？你在哪兒感覺到這種無力？

學員：當你這麼說的時候，我感到它正在我的太陽神經叢。

拉：好，那要怎麼做？把它轉出來。

學員：但你知道，當我感覺金錢時，我感到它在我的心裡；當我需要行動時，在哪兒我感覺……

拉：是的，因為那是關於力量的，你感到太陽神經叢的問題，是力量的問題。你把你的力量賣掉了，把它放走了，你必須把那個流向倒轉過來。力量是你的，你是力量。你沒有創造力量，你就是力量。感覺它。當你把它轉出來時，你開始再一次擴展了。不要進入頭腦，不要思考它，而是感覺它！是的，就在那兒，你把力量推出去。

這是什麼意思？對於你們所有人，現實中你感到你是把金錢作為力量拉進來的，而你試圖去創造力量，如此，你已經設定你是沒有這力量的，這是基礎性的設定。任何粘住你的注意力的，都是有謊言附著其上的真相。

學員：請你能再說一遍嗎？

拉：任何粘住你注意力的，關於力量？

學員：是的。

拉：當你感到力量朝著你而來時，你已經假定你是沒有力量的了。你已經假定了。它為你做了什麼呢？它將你減小了。不要從假設中創造，不要假設金錢是力量——而是感覺它。金錢是力量——這是一個固化的東西，或者僅僅是一個有趣的觀點？由你來定，如果金錢是力量，那麼感覺那個能量。它是堅固的，不是嗎？你能以能量是固化的來運作嗎？不能，因為那恰恰是你自造了一個盒子，活在裡面，自陷牢籠，現在就如此！你活在了一個觀點——金錢是力量裡罷了。你下一個答案是什麼？

學員：我下一個回答是移動性。

拉：移動性？

學員：是的。

拉：金錢允許你移動，是嗎？

學員：是的。

拉：真的嗎？你沒有錢但你也從賓夕法尼亞來到了紐約。

學員：嗯，如果你那樣說的話……

拉：是這樣的嗎？

學員：是的。

拉：那麼你得到了多少能量，來改變你呢？

學員：噢，比來到這兒多多了。這是你指的嗎？

拉：是的，這是一個有趣的觀點對嗎？你的能量流動是怎樣的，更多地流出還是流入？

學員：從這個觀點來看，是更多地流入。

拉：好，你看到了，你總是認為你在消減你自己，因為你得到了能量；但你也沒有把金錢看作是能量。你以極大的喜悅允許能量流入，是不是這樣？

學員：是的。

拉：歡天喜地？

學員：是的。

拉：能量是榮耀。現在，感覺那能量的榮耀，在過去幾天裡你體驗到的能量。你感覺到了嗎？

學員：是的。

拉：把它全部變成金錢。哇噢，那是怎樣的旋風啊，嘿！

學員：（大笑）

拉：所以啊，你怎麼不允許那成為你餘生呢？因為你不願意讓你自己接受。因為你假定你需要。需要的感覺如何？

學員：那感覺不好。

拉：感覺是個固化的東西，呃？那是你盒子上的蓋子。需要，是你們的語言裡最骯髒的詞。把它扔掉！馬上把它寫在單獨的一張紙上，寫下"需要"！把那張紙撕下來，然後撕碎它！現在把碎紙放進你的口袋裡，不然別的學員就有麻煩了。（大笑）好，現在感覺怎麼樣？

學員：很好。

拉：感覺很不錯，呃？好，每一次你用需要這個詞時，把它寫下來，然後撕碎它，直到你完全將它從你的字典裡除掉。

學員：是的，幾乎了……開始我以為你解釋力量、能量和覺知是可以互換的。

拉：不完全是這樣。如果你賦予這些詞重要性，你就固化了它們。你必須讓它們像能量一樣流動。力量是能量，覺知是能量，它是絕對肯定的知道，沒有懷疑，沒有保留。如果你在想"下周我將擁有 100 萬元。"而內在你聽到一個微小的聲音說"你想打個賭嗎？"或者另一個聲音說"你怎麼做得到呢？"或者，"噢，天吶，我不敢相信，我怎麼做了這麼一個承諾？"你已經將自己朝反方向預期，這樣你來到一個點，就是在你自己創造的時間順序——這是控制的議題——中，這件事不可能發生了。

如果你說，"我希望我的銀行裡有 100 萬元。"你知道你會辦得到，而你沒有放進一個時間期限，因為你有控制力來監督你的思想過程；每一次你有一個反意圖的念頭時，你就說，"哦，有趣的觀點"，然後抹掉它，那麼你實現那個願望的速度就會快得多。每一次你有一個念頭，而你不抹掉它的話，你就延長了那個時間，直到那不存在了。

你將它一點點地削掉。你看，如果你從一個最基本的目的來看，打個比方就如同高爾夫球的球座，置球點在這兒，你要把你的 100 萬元的念頭放在這個點上，每一次你說什麼或想什麼與你想創造的相悖的想法，你就削去了球座的一部分，直到球翻倒，滾走了——它不復存在了。然後你又做一個決定，又建立了那個基座，可是再一次，你不斷地削減它。那個置球點是一個平衡點，你必須到達那個點並一直保持在那裡——作為一個知曉、一個現實、一個已經存在的。最後，在你的時間順序中，你將抵達你做創造的，只有到那時，你實現了，你得到了，那是你的了。好了，我們現在回到你的第二個回答，移動性。什麼是移動性？移動你的身體嗎？

學員：唔，我指的是這個。

拉：你指的是身體走來走去還是指自由？

學員：嗯，兩個都是。

拉：兩個都是？

學員：是啊。

拉：嗯，還是那樣，你假定了你沒有這個。注意，正是你的各種假定，即種種負向的觀點不允許你——是的，*不允許你*——接收你在生活中想要的。如果你說我需要或想要自由，那麼你自動地創造了那個你沒有自由的觀點。那非力量，非覺知，非控制，非創造力。嗯，是某種意義上的創造。你創造了它，讓它成了一個現實，你自己從這個現實中運作。意識是一個過程，你從這個過程中創造，而非從假定中創造。你無法從假定中運作。運作（function）和假定（assumption）還有點押韻呢，我們現在可以寫點詩了。好了，你的第三個回答。

學員：第三個，是成長。

拉：噢，在過去 20 年裡，你沒有成長嗎？

學員：嗯，成長，我有這個念頭是因為我需要去旅行……

拉：你剛才說什麼？

學員：我想要去旅行……

拉：你剛才說什麼？

學員：我說我想要，哦，我剛才說的是"我需要"。

拉：是的，把它寫下來，撕碎它。（大笑）你最好把紙再撕得碎一點兒。

學員：是，我覺得也是。是啊，每當我聽到令我激動的課程時，我就希望我能夠到處旅行並上課，這樣我可以學到新東西。

拉：有趣的觀點。現在，你從這個假定裡運作時，自動地出現了什麼觀點？"我負擔不起旅行的費用。""我沒有足夠的錢。"感覺你的能量，去感覺你的能量。那是什麼感覺？

學員：當下感覺非常擴展。

拉：很好。但你那樣說時，你感覺如何？

學員：我那樣說？

拉：是的，當你假定你沒有足夠的錢時。

學員：噢，那感覺很縮小，感覺……

拉：很好。那麼你還希望從這個地方去運作嗎？

學員：希望不這樣了。

拉：希望不要了？有趣的觀點。

學員：可不是。

拉：意識，意識，每一次你如此感覺時，醒過來！每當你如此感覺時，你不再對自己真實。你不再是力量、覺知、控制、創造力或金錢。好吧，還有誰對金錢有任何觀點，想要對自己假定的觀點做一些澄清的嗎？

學員：有。

拉：有？

學員：我的第一個回答是宇宙的燃料。

拉：宇宙的燃料？這是你真正相信的嗎？它背後的假設是什麼？你沒有宇宙的燃料？背後的假設是你沒有宇宙的燃料，你沒有和宇宙連接，你不是覺知。這些是真實的嗎？

學員：不是。

拉：不是真的。所以，不要從假設中運作，而是從實相中運作。你擁有宇宙的燃料，許許多多的豐盛。是的，就像這樣。明白嗎？還有其他的觀點想問的嗎？

學員：是的，我的一個回答是生存的墊子。

拉：啊，非常有趣的觀點，我們可以猜想大概還有六七人也有類似的觀點吧。那麼你從這裡運作的那個假設是什麼呢？這個觀點裡其實有三個假設。第一，你假設你將活下來，或者你必須活下來。你已經有幾十億歲啦？

學員：60 億。

拉：至少，那麼你已經生存了 60 億年了，這麼多世裡你有多少世是拿著墊子的？（大笑）

學員：所有世。

拉：什麼？你所有世裡都拿著金錢作你生存的墊子嗎？

學員：是的。

拉：當你談到生存時，你在指的是你的身體，你假設你就是一具身體而必須有錢才能生存。停止呼吸，將能量吸入你的太陽神經叢，不要一下吸入太多空氣。注意在你感到必須呼吸之前，你可以吸入三到四次能量，然後你的身體感到被充電。如此你可以成為能量和金錢，每一次呼吸，你都吸入能量，吸入金錢，你和金錢之間沒有區別。好吧，你們聽明白了嗎？這個解釋能明白嗎？

學員：我聽懂了嗎？

拉：你現在理解你是如何運作的，你有什麼樣的假設了嗎？

學員：是的。

拉：那你還需要更多嗎？

學員：不用了。

拉：好。那麼你可以做什麼？改變它，你們可以改變所有這一切，去掉假設，創造一個新的觀點——關於力量、能量、控制、創造力和金錢。你要擁有什麼樣的新觀點？

學員：我是力量，我是能量。

拉：完全正確，你的確是，對嗎？而且一直就是，對嗎？多麼有趣的觀點啊! 好，下面一個問題，誰願意來答？

學員：你說關於他的墊子有三個假設。

拉：是的。

學員：我們就聽到一個，對嗎？

拉：你們聽到兩個。

學員：兩個？必須活下去。

拉：我將活下去，我必須活下去，我無法活下去。

學員：是這樣。

拉：第三個是什麼呢？想想看。我不願活下去。那是隱藏的觀點。

第二章

金錢對你意味什麼？

拉斯普廷：請念出第二個問題，還要回答。

學員：金錢對你意味著什麼？

拉：第一個回答是什麼？

學員：安全感。

拉：安全感，金錢如何是安全感？

學員：如果你擁有金錢，你就對現在和未來感到安全。

拉：有趣的觀點。這是真相嗎？是真的嗎？如果你在銀行裡有錢，而它突然蒸發了，你還是安全的嗎？如果你把錢放在家裡，有一天房子著火，你忘了給房子上保險，你還有安全感嗎？

學員：沒有了。

拉：你只有一種安全感，而它不是金錢創造的。安全感在你是一個存在、一個靈魂、一種光的真相裡。你從這裡進行創造。你是力量，你是能量。作為力量和能量你已經有了真正的安全感，它一直在那裡。如果你住在加州，你知道沒什麼安全可言，因為在你的腳底下所有東西都是動的；而在東岸這邊，你認為底下是安全的，但其實也不是。你們叫作世界的這個地方不是一個固化物，它僅僅就是能量。這些牆是固化的嗎？甚至你們的科學家都說不，它們的分子移動得更慢，所以它們看起來是固態的。

你是固化的嗎？你是安全的嗎？不，你是一堆分子間的空間，你創造了這個空間並形成了固態的表像。那是安全的嗎？如果你可以從金錢那裡獲得安全，那你死後能把金錢帶上嗎？你可以找到一個新的身體再帶著金錢回來，開始下一世嗎？所以，你從金錢那裡買到的真是安全嗎？那真的意味著安全嗎？或者，那只是一個你認可的觀點而已？你從別人那裡買入了這個觀點，然後用它來創造你的生活？

學員：那麼，你是要告訴我，如果我想著錢，我就能創造它嗎？

拉：不是你想著它，而是要**成為**它！

學員：我怎麼成為金錢呢？

拉：首先，你必須要對你的生活有願景，這個願景是從"我是創造力"而來。在你的願景裡你是創造力；作為能量，你是"我是力量"；你是"我是覺知"，完全知曉世界將成為你所見的；你還是"我是控制"，這個控制不是對如何達到你的目標的執著，而是覺知到，如果你令你所做的與你的力量和你的覺知保持一致，那麼宇宙會朝著你的願景轉動它的齒輪。然後，如果你的那四個要素就位，你可以成為"我是金錢"。

你可以使用這些話，你可以說"我是力量，我是覺知，我是控制，我是創造力，我是金錢。"每天早晨和晚上運用這些話，直到你成為金錢、成為創造力、成為覺知、成為控制、成為力量。你就是這樣成為金錢的；"我是"的成為。因為它即如是，你現在就是如此創造你自己的。你看，如果你從"我獲得金錢就獲得了安全"這個觀點來創造你自己，那是什麼呢？那是一個時間順序，一個未來式，對嗎？

學員：對。

拉：所以你永遠也無法到達那裡。

學員：你是否總是要處於當下？

拉：是的！"我是"讓你總是處在當下。那麼，那麼對金錢還有什麼其他的觀點嗎？金錢對你們意味著什麼？

學員：嗯，安全感是我的主要觀點，因為其他兩個是家和未來。而如果我有了安全感，我的家就會是安全的，我的未來也會是安全的。所以，實際上……

拉：真的嗎？那是真的嗎？

學員：不，不，不，不是的。我理解了你剛才帶領我去看到我對安全感的首要需求。

拉：很好。

學員：我理解了"我是"。

拉：好。其他人有觀點需要作一些澄清嗎？

學員：快樂。

拉：快樂，金錢為你買來快樂，呃？

學員：我想是的。

拉：是嗎，你口袋裡有錢嗎？

學員：沒多少。

拉：你快樂嗎？

學員：啊，呵。

拉：所有金錢沒有給你買來快樂，對不對？

學員：是的。

拉：這就對了。你創造了快樂，你創造了生活中的喜悅，不是金錢創造了這些。金錢買不來快樂，但如果你有了這個觀點，認為金錢買來快樂，當你沒有錢時，你如何能夠快樂呢？你的評判就接踵而至："我沒有足夠的錢讓我快樂。"即使你得到更多，但你仍然沒有足夠的錢快樂。你理解了嗎？你感覺怎麼樣？

學員：我其實一直都挺快樂的，即使我沒有錢。但想到週四需要付某人錢，而我沒有錢，我的情緒就會變糟。

拉：啊！這就是了，我們說到點上了——時間。你怎麼創造金錢？

學員：有一份工作，我工作來賺錢。

拉：那是一個有趣的觀點。你是說你只能靠工作來賺錢？

學員：那是我過去以來的經驗。

拉：哪個觀念先出現呢，你必須工作來掙錢，還是那個經驗？

學員：那個觀念。

拉：對了，你創造了它，對吧？

學員：是的。

拉：所以，你對此負責，你完全以你的思維模式創造了你的世界。把你的頭腦扔掉，它一直礙你的事！你認為，你不變得富有，你就會受限制。你把這個思想程式放進你的道路，然後把自己縮減了，你限制了自己將會做到什麼和將要得到什麼。你一直都能夠創造快樂，不是嗎？

學員：是的。

拉：擋住路的只是帳單，是嗎？

學員：是的。

拉：因為你是這麼做的：你認為，你有一個金錢的願景，有錢了你的生活就會怎樣的願景，對嗎？

學員：是的。

拉：那現在去觀想那個願景。你感覺怎麼樣？輕還是重？

學員：輕。

拉：在這個輕的感覺裡，你知道你將支付所有的帳單嗎？

學員：能再說一遍嗎？

拉：在這個輕的感覺裡，作為覺知，你知道你總是會支付所有的帳單嗎？

學員：是的。

拉：你知道？你有絕對的覺知並確信這一點？

學員：我不得不支付所有我欠的錢。

拉：不，不是你不得不，而是你會。

學員：啊，我想我會的。

拉：哦，一個有趣的觀點。我想我會的。如果你認為你將要支付它，你是有意願去支付呢，還是你會抗拒？

學員：我抗拒。

拉：是的，你抗拒它。你抗拒付錢？抗拒的目的是什麼？

學員：我說不上來。

拉：你不想付帳下面隱藏了什麼樣的觀點？如果你有足夠的錢，你會付清帳單嗎？

學員：是的。

拉：那麼，沒有表達出來的觀點是什麼？

學員：我對金錢感到擔憂，我不想付錢。

拉：你不會有足夠的錢，對嗎？

拉：是，那就是未表達的觀點，是你看不到並令你陷入麻煩的觀點。因為你從這裡創造，從你沒有足夠的錢的觀點創造，所以你將它創造為現實，是不是這樣？

學員：是的。

拉：你想從這裡運作嗎？

學員：我不理解你說的。

拉：你喜歡從"不足夠"來運作嗎？

學員：是啊。

拉：那麼，選擇"不足夠"有什麼價值呢？

學員：沒什麼價值。

拉：一定有價值，不然你就不會選擇。

學員：我們難道不都有這樣的恐懼嗎？

拉：是的，你們都有不足夠的恐懼，你們都從"肯定不夠"中運作，這就是為什麼你們在尋找安全，尋找快樂，尋找家園，尋找未來，而實相是，你們創造了每一個未來；每一個過去，每一個現在，每一個未來都是你們自己創造的。你們幹的無懈可擊——把現實創造為和你們想的一模一樣。如果你們認為"肯定不夠"，那麼你們會創造出什麼呢？

學員：不足夠。

拉：千真萬確，就不會有足夠。現在，祝賀你們自己吧，你們幹的這麼漂亮，創造了"不足夠"。祝賀，你們可真棒，你們這些了不起的光榮的創造者。

學員：什麼都沒創造出來。

拉：噢，你們創造出了些東西的呀，你們創造出了債務，不是嗎？

學員：好吧，的確如此。

拉：你們很擅長製造債務，很擅長創造"不足夠"，很擅長讓自己吃飽穿暖，對嗎？在這部分裡你們的確幹得很漂亮。那麼，你們沒有從什麼樣的觀點裡創造呢？沒有限制，沒有限制。

學員：這需要大量的練習嗎？

拉：不，不需要練習。

學員：真的嗎？我們不需要不斷地做嗎？

拉：是的，你們所有人都必須做的是**成為**"我是創造力"，這是你人生的願景。你想要自己的人生是什麼樣子的？如果你以任何你選擇的方式創造，它會是怎樣的？你會是個百萬富翁還是個乞丐呢？

學員：百萬富翁。

拉：你怎麼知道做一個百萬富翁比做一個乞丐更好呢？如果你是百萬富翁，有人就會來偷走你所有的錢，如果你是個乞丐，沒人來偷你的錢。那你還想成為百萬富翁嗎？為什麼呢？成為百萬富翁的價值何在？好像是個好主意，但它僅僅是好像而已，對吧？

學員：是，是個好主意。

拉：好吧，是個好主意。讓我們現在來玩兒玩兒吧。閉上眼睛，觀想手裡拿著一張百元大鈔，現在，觀想把它撕碎。噢，很痛！

全班：（大笑）

拉：現在觀想一張千元大鈔，並把它撕碎、扔掉。這下更痛了吧？

學員：是的。

拉：現在，觀想一萬元的鈔票，把它們扔到壁爐裡燒了。有趣吧，把一萬元扔進壁爐裡就沒有那麼難了，是吧？好，現在把十萬元扔進壁爐裡，再把百萬元扔進去。現在，把千萬元扔進壁爐裡。現在，成為千萬元。千萬元扔進壁爐裡和成為千萬元有什麼不同？

學員：感覺好多了。

拉：好，那麼你為什麼總是要把你所有的錢都扔進壁爐裡呢？

全班：（大笑）

拉：你們總是把你們的錢扔掉，你們總是花錢想讓自己快樂，或者試圖活下來。你們不允許自己去創造很多很多，讓你們感到自己就是金錢，願意成為金錢。願意成為金錢可以是成為百萬美元，也可以成為千萬美元。成為它，它只是能量，除非你賦予它重要性，不然它沒有重要性。如果你賦予它重要性，你就令它沉重。當它被賦予重要性時，它變得固化，然後你就陷入其中。你被囚禁的這個盒子世界就是你用以創造你的制約的參數。你的盒子大點還是小點，那都是盒子。你們明白了沒有？

學員：明白了。

拉：你們喜歡這個觀點嗎？

學員：是的。

拉：很好。

學員：還是很困難。（大笑）

拉：現在又是一個有趣的觀點。成為金錢很困難，呃？

學員：是的。

拉：現在，看看這個觀點。你在用它來創造什麼？

學員：我知道，我在限制。

拉：是的，你讓它變得困難、固化和真實。孩子，你這方面幹得不錯呀。祝賀你，你是一個了不起的光榮的創造者。

學員：那兩個魔術詞：我是。

拉：我是金錢，我是力量，我是創造力，我是控制，我是覺知。好，還有誰要講講其它的觀點嗎？

學員：你可以不為錢工作而賺到錢？

拉：你可以不用為錢工作而賺到錢，這裡有兩個很有趣的制約。第一，你怎麼掙錢，你在後院有個印刷廠嗎？

學員：沒有啊。

拉：不為錢工作，那工作對於你是什麼呢？

學員：付帳用的支票。

拉：工作是付帳用的支票？

學員：是的。

拉：那麼你坐在家裡，收集支票？

學員：不，我出去工作。

拉：不，工作是某件你憎恨做的事。感覺工作這個詞，感覺它。那是什麼感覺？它是輕盈、通透的嗎？

學員：不。

拉：感覺像屎一樣，呃？（大笑）你從水晶球裡能看到工作嗎？

學員：不。

拉：難怪你掙不到錢呢。你看不到你的工作是要幹嘛，對吧？

學員：我還不知道我到底在幹嘛呢。

拉：有趣的觀點。你是"我是覺知"時，怎麼會不知道自己在做什麼呢？這裡潛在的假設是什麼？你是從什麼潛在的觀點中去運作的？它是"我害怕"嗎？

學員：我不懂。

拉：你不懂什麼？如果你懷疑你的能力，你沒法收錢，對嗎？

學員：不是我懷疑，是我不理解。我不知道我看到的是什麼。

拉：你讓它發生時，你就會做得很好；只有當你把頭腦放進反應模式時，你就創造了無能。你們的不幸是你們不相信自己知道的。你們沒有認出你們，作為無限的存在，可以接收宇宙裡所有的知識。你們就是宇宙意識覺醒的管道。現實中你們生活在恐懼之中……對成功的恐懼、對你的力量的恐懼，對你能力的恐懼。而且，對你們每一個人來說，在你們的恐懼之下是憤怒，強烈的憤怒和狂暴。而你們對誰暴怒？你們自己。你們對自己撿起來、選擇成為你們現在這樣的有限的生命體感到憤怒，你們選擇從你們身體的有限尺寸來運作，好像你們的身體就是你們存在的殼，而不是以神聖力量的高度行走，那是你本有的高度。讓你自己擴展開來，從那個有限中走出來，不害怕，不憤怒，以你偉大、光榮的奇蹟般的能力去創造。創造力是願景。你們有願景嗎？

學員：有的。

44

拉：作為覺知，你連接到你的力量時，知曉是必然的。你有嗎？

學員：是的。

拉：還要控制，你願意將它移交給宇宙力量嗎？

學員：如果我學會怎樣移交的話。

拉：你不需要學會怎樣，你必須成為"我是控制"。你無法擁有你視為外在的東西。"學會如何做"是你創造無能的一個方式，你算計著怎樣實現時間的價值，好像時間真的有價值。就在當下，你知道未來的每件事，你知道過去的每件事。其實沒有時間這個東西，只有你創造的東西。如果你要移動你自己，從"我是控制"這個觀點中移動，完全放下想從"我去學會"的觀點中，搞清楚如何從 A 點到 B 點的需求。這樣子從 A 點到 B 點，你在試圖控制過程和減損自我的天命。你無法做到的。你們明白嗎？

學員：明白。

拉：你願意看看你的憤怒嗎？

學員：願意。

拉：那麼就看著它。你感覺到什麼？

學員：錯誤。

拉：你在哪裡感覺到的？身體的哪個部位？

學員：在胸口。

拉：把它拿起來，推出你的胸部，放在離胸口 3 英尺的前方。推出去。好，現在感覺怎麼樣？重還是輕？

學員：感覺不太重了。

拉：那是離你三英尺的地方是嗎？現在，你的憤怒，那是真的嗎？

學員：真的。

拉：是嗎？有趣的觀點。那不是現實。你創造了它，你是你所有情緒的創造者、你是你生命裡一切的創造者，你是發生在你身上一切的創造者。你在創造，如果你必須以時間的算計來創造的話，就用十秒遞增法吧。好吧，我們要讓你做一個選擇，你有十秒鐘可活，不然你就會被老虎吃掉。你做什麼選擇？

學員：（沒有回答）

拉：對啊，你可以的。現在一生已經結束了，你有十秒鐘的生命，你做何選擇？圖像、水晶球、講話，還是沒有選擇？

學員：圖像和水晶球。

拉：好啊，那麼就選擇它，每一次都這樣選擇。每十秒鐘你重新選擇，重新選擇，讓你繼續下去。你在十秒遞增法裡創造一切。如果你不是以十秒遞增來創造，你就是在對永遠不會到來的未來的期待中創造，或者，你從基於經驗的過去的無力感中創造，雖然帶著將要創造出新東西的想法，卻保留著固有的觀念。你的生活總是老樣子，這有什麼可奇怪的呢？你沒有選擇任何新的，不是嗎？你時時刻刻都在選擇的是"我有的還不夠，我不想去工作。"

現在，我們向你們推薦幾個你們得從自己的詞典裡消除的詞，有 5 個這樣的詞。第一個：想要（want）。*想要*有 27 個定義是"缺乏"。你們數千年的英語語言裡，*想要*是"缺乏"的意思。而你們還有很多世講英語，而不僅僅是這一世。在這一世裡，你們多少年在用*想要*這個詞來創造你們的意願？真相是，你們創造了什麼？*想要*，缺乏，你們創造了缺乏。所以，你們是偉大而光榮的創造者，恭喜你們自己吧。

學員：（大笑）

拉：第二個，*需要*。什麼是*需要*？

學員：缺乏。

拉：那是你認為你無法擁有的無力感，你無法擁有你需要的一切。**需要**緊跟著的就是貪婪，因為你總是試圖去獲取。第三個，**試試**。**試試**永遠無法達成，**試試**不是選擇，**試試**是什麼也不做。第四個，**為什麼**。**為什麼**始終是三岔路口，而你就總是回到原點。

學員：我沒看出來啊。

拉：有時候，去聽聽一個兩歲孩子說什麼，你就會明白了。

學員：（大笑）你永遠得不到答案。

拉：第五個，**但是**。每當你說"**但是**"時，你推翻了你前面那個陳述。"我想要去，但我付不起錢。"好吧，不要成為需要。"我需要"就是在說"我沒有"。"我想要"就是在說"我缺乏"。"我試試"就是在說"我不做。""我，但是"，那你最好拍拍自己的屁股，呢？下一個問題。

第三章

當你想到錢的時候，有哪三種情緒？

拉斯普廷：好，哪位自願回答下一個問題？

學員：第三個嗎？

拉：是，第三個。是什麼問題？

學員：你有哪三種與錢有關的情緒？

拉：對，哪三種情緒，你有哪三種與錢有關的情緒？

學員：嗯……

拉：當你想到錢的時候的三種情緒。

學員：第一個浮現出來的，我非常不喜歡，但它是恐懼。

拉：恐懼？好，你不得不有的是什麼假定的觀點呢？談到錢就有恐懼嗎？

學員：我有不同的解釋，嗯，用不同的方式來解釋它，我害怕錢不夠，它……

拉：是，這就是為什麼有這種情緒的原因，你害怕它不夠是因為基本的假定的是……

學員：我需要錢。

拉：寫下來。

學員：然後撕掉它。

拉：寫下來，然後撕掉它。

學員：我想問你個討厭的問題。

拉：好吧。

學員：好，我去商店，我想從那裡拿走什麼，他們總還需要、想要我給回些什麼吧。（笑）

拉：想要，想要，想要什麼？

學員：（笑）

拉：他們缺乏，沒錯，想要的意思是缺乏。這是你必須消除的另一個骯髒的字眼。但你是為了什麼去商店呢？

學員：好，為了食物。

拉：好吧，你去商店是為了食物，是什麼讓你認為自己需要吃呢？

學員：你開玩笑呢吧。我知道我需要吃。

拉：需要？再把它寫下來。

學員：想要。

拉：寫下來，然後也把它扔掉。需要和想要都不允許。

學員：但你是會餓的。

拉：真的嗎？往你們的身體里拉能量，你們所有人，都注入能量。是呀，你感覺餓嗎？不。但你為什麼不吃更多的能量而少吃點食物呢？

學員：暫時會是非常棒的，因為我可以減點兒肥，但它可能開始有危害。(笑)

拉：的確如此。你從中獲得足夠的能量，你或許成了一個巨型氣球。

學員：那來拜訪我的朋友們怎麼辦？有兩個朋友正在我家裡睡著。

拉：誰說你需要給他們吃的？他們怎麼就不能對你有所貢獻呢？

學員：他們能。

拉：恐懼是你不可能接收。恐懼是錢只在單向地發揮作用，並且是花了就沒有了。只要你感到恐懼，你就創造了需求和貪婪。

學員：好吧。

學員：需求真來自恐懼嗎，先生？

拉：是的，關於恐懼，恐懼帶來需求和貪婪。

學員：真的嗎？

拉：真的。

學員：天哪，你是對的。我想我剛才意識到了另一件事，那是基礎信念系統，或者說那真的不是什麼好事情。

拉：對於接收來說，不是好事情。

學員：不利於擁有更多。

拉：不利於接收。

學員：是，或者，是從別人那裡接收。

拉：接收，句號。

學員：好。

拉：從四面八方。好吧。如果你處在恐懼中，你就不樂意接收，因為你認為你是一個無底洞，生活在一個又深又暗的洞裡。恐懼一直是你裡面的洞，它是一個深不見底的地方。恐懼製造了你的需求、你的貪婪，而你在這過程中變成了一個混蛋。不是嗎？

學員：是。

拉：下一個情緒。

學員：想要更多。

拉：欲望，啊哈，是的。啊哈，是的，現是談談欲望——什麼是欲望？是你走出去搖著屁股想要更多嗎？

學員：（大笑）我知道那還不是最多的。

拉：欲望意味著，自動地你就有"得到更多"。注意，得到更多，一種帶著恐懼的不足感。

學員：你知道，不僅是要更多錢，還要……

拉：要更多，句號。金錢與你在體驗的實相毫無關係。金錢是一個主題，圍繞著你創造的虛無、不夠、想要、需求、欲望和貪婪的現實。這對地球上的每個人都是一樣的。這個世界由此運作。

你們有很好的例子，在你們所謂的 80 年代，自你們決定的那一刻，你們都決定了的，金錢是一種必需品，這已經成了這個世界的真相。一個必需品。什麼是必需品呢？沒有它你就無法生存下去。你們，作為生命，已經存活了百萬次人生，你甚至記不得你有過多少錢或花過多少錢或如何做的。但是，你還在，你還在活著。而你們每個人都曾有能力對金錢瞭解更多。

不要從金錢是必需品的假設來運作，它不是必需品，它是你的呼吸，它是你所是，你完全就是金錢。而當你感覺自己是錢而不是必需品，不是必需品，你就是擴展的。當你感覺自己是必需品，在與金錢的關係上，你就縮減自己，阻止能量之流和金錢。第三種情緒是什麼呢？

學員：快樂。

拉：哈！說一下，在哪方面快樂呢？你花錢時，就快樂；當你錢包裡有錢時，就快樂；當你知道要來錢了，就快樂，因為它是錢就快樂嗎？僅僅看一眼一元鈔票你能快樂嗎？

學員：不能。

拉：錢的哪部分給你帶來快樂呢？

學員：知道某些事能被做成。

拉：也就是說錢買來快樂了？

學員：哦，我用錯了詞，嗯……

拉：快樂怎麼是來自金錢的呢？

學員：那根本不是必然的。

拉：那你怎麼覺得快樂與金錢有關呢？當你有足夠錢的時候？當你有許多錢的時候？還是當你感覺安全的時候？

學員：對，是安全。

拉：安全。有趣的觀點。

學員：但沒有安全感這個東西。

拉：有，有安全感。在知曉自己和擁有對自己的覺知時就有安全感，這是唯一的安全感，你能保證的唯一的安全感就是你將度過此生，離開這個身體，如果你想，你會有機會再回來，努力成為這世界上更豐盛的造物。而快樂在你內在，你擁有快樂，你就是快樂，你不用通過金錢獲得快樂。要快樂，就快樂，就這麼簡單。除非你選擇悲傷。你就是快樂的，不是嗎？

學員：是。

拉：其他人想要談談關於情緒嗎？

學員：我，我想就恐懼多談一點。

拉：好。

學員：因為我花了巨大的能量對付恐懼。

拉：嗯。

學員：而在恐懼背後，在恐懼之下，都是憤怒。

拉：是，的確如此。那你真正為何生氣呢？你生誰的氣呢？

學員：我自己。

拉：的確如此。你對什麼生氣呢？

學員：感到空虛。

拉：無法用上你的力量。

學員：嗯，是的。

拉：沒有完全做你自己，是這種感覺嗎？

學員：非常正確。

拉：感受一下，在你的身體上，你的恐懼和憤怒在哪裡？

學員：好。

拉：現在，把它朝另一個方向轉出，感覺怎麼樣？

學員：減輕了。

拉：是了，這就是消除了恐懼和憤怒，為你帶來的空間。因為，假設你看看自己，你的宇宙根本就沒有恐懼，不是嗎？

學員：沒有。

拉：而你唯一能表達的憤怒，是沖著他人表達的憤怒，因為你真正生的是自己的氣，那正是你拒絕你是全然的能量這個真相。所以，你能成為本來如是的力量和能量嗎？放下憤怒吧，別再抓著它不放。來，就像那樣，咻，放鬆了，怎麼樣？

學員：是的。

拉：現在，你必須得練習這個，好嗎？

學員：好

拉：因為你和這裡的其他人一樣，數十億年來，一直不斷地削弱自己，不成為自己，不成為力量。你們以此來壓制自己的憤怒。有趣吧？對自己的憤怒。這裡沒有哪個人是不對自己生氣的，因為不允許你做你所是的全部力量。這說明了點問題吧。好，其他人還想談談情緒嗎？

學員：我還想再談談恐懼，從我的觀點談。當我陷入恐懼時，是一種收縮，一種關閉。

拉：你是在哪個部分感覺到的？

學員：在我的太陽神經叢。

拉：好，把它轉出來，轉出來，來，就像那樣，現在感覺怎麼樣？

學員：想流淚。

拉：好，眼淚的背後是什麼？

學員：憤怒。

拉：憤怒。是，因為你已經在那兒打了結，把它隱藏起來了，對嗎？你想想。好，不要讓憤怒出來，完全不讓它出來。感受憤怒，讓它離開你。是，就是它。現在，留意差別和擴展，你感覺到了嗎？

學員：是，感覺好極了。

拉：是的，感覺非常好。這是你的真相，你作為一個生命體，正在擴展出你體外，根本不只是有能力在身體上連結的。感覺一下，當你讓憤怒離開，就是連結到自己完整性的實相，不是某種靈體，而是自己的真相。當你依真相來做，就有一個平靜與和平降臨在你身上。

學員：我這麼做，明白了。

拉：你感覺一下，那是信任你是誰，那是力量。其他的感覺就是消除了信任。

學員：那就像，感覺就像進入自己。

拉：的確如此。完全的連結，完全的意識，完全的覺知和控制。在這裡，控制有何感覺呢？

學員：感覺與其他的控制有非常大的不同。

拉：是，其他的是試圖控制你的憤怒，對嗎？

學員：對，我想是這樣。

拉：對，根本上是你在試圖控制你的憤怒，因為真相是你不允許自己發光發亮。內在是和平、平靜和宏偉，但你把它藏在憤怒下麵讓它見鬼去了。既然你認為自己的憤怒不正當，你就消減了自己。你試圖控制它，而你試圖控制它，也試圖控制周圍的一切，這樣你就可以把自己隱藏起來了。你所憤怒的是自己。與自己和解吧。那樣，就那樣，你感覺到它了嗎？

學員：是的。

拉：是，就這樣，這就是你。感覺你的能量在擴展。

學員：哦，太不同了。

拉：絕對不同。是的，就是它，生機勃勃、變化不止的你，才是你真正所是。好了。

學員：而那是黑暗的，我認為我可以對它有所控制，而我……

拉：好吧。

學員：我也知道，在這一點上，我對它有些失去控制了。

拉：那你在哪兒感到黑暗？

學員：我好像認為是我進入黑暗而不是黑暗進入了我，我不太確定。

拉：你在哪兒感覺到它？在你以外，還是在你裡面？閉上眼睛，感受那黑暗。你在哪兒感覺到它？

學員：我想是在我的下胃部，然後，我被它吞沒了。

拉：好。那麼，你認為你如何來感覺？它在你的頭腦裡……

學員：好吧。

拉：你正在經驗黑暗嗎？而那是什麼？是沒有任何感覺，除了與錢聯繫在一起的黑暗。而不知何故，黑暗必定與魔鬼有關，所以呢，接收黑暗絕對是不被允許的。好了，你感覺到它轉換了嗎？扭轉它，沒錯。把它轉為白色的，對了，感覺你的頂輪打開，是的，現在，你所說的黑暗就能從那裡流出去了。而這就是你當下的實相。留意你的能量上的變化。你已經放下了那個想法，放下了把邪惡的情緒當作實相，因為它不是實相。它只是一個有趣的觀點。可以了嗎？還有其他的情緒嗎？

學員：我認為我的跟錢有關的主導性情緒是矛盾心態。

拉：矛盾心態？好，矛盾心態。什麼是矛盾心態？你在哪兒感覺到它的？

學員：我在我的太陽神經叢和下面幾個脈輪感覺到它。

拉：是的，矛盾心態與沒有覺察到這個星球有關，是一種金錢屬於某個你並不理解的東西的感覺。你感到較低脈輪的那個轉變了嗎？

學員：是的。

拉：這就是與你就是覺知的事實連結的結果，而作為覺知，你是金錢，作為覺知，你也是力量，和所有脈輪都連結在一起的能量，這才是你。好了，對你來說，矛盾心態還存在嗎？

學員：不存在了。

拉：很棒。好了，還有其他情緒嗎？

學員：我有一個。

拉：你說。

學員：我感覺到厭惡和羞恥。

拉：非常好的情緒，厭惡和羞恥。你在哪兒感覺到它？

學員：我想我感覺它在……

拉：你思考你的感覺嗎？

學員：不，在我的胃和肺。

拉：在你的胃和肺。那麼，對你而言，錢是呼吸和吃？羞恥，把它倒出來，把它從你的胃裡倒出來。沒錯，你感覺到它了，你感覺到你的胃部脈輪的能量在打開了嗎？

學員：是的。

拉：好。你的另一種情緒是什麼？

學員：厭惡。

拉：厭惡。在你的肺部。厭惡是因為這意味著你必須令自己窒息來得到它，以你的觀點，你必須得壓制你自己來得到錢。是實相嗎？

學員：是。

拉：是嗎？

學員：不、不、不是。

拉：那就好。

學員：我把它當作真的了……

拉：你是如何運作的？

學員：好。

拉：好吧。來吸入並呼出所有這一切。好的，現在吸入錢，好的，呼出羞恥，從你身體的每個毛孔吸入錢，呼出厭惡。好了，現在有什麼感覺？自由一些了？

學員：是的。

拉：好。其他人還想談談情緒嗎？

學員：恐懼。

拉：恐懼，其他的情緒是什麼？

學員：焦慮和安慰。

拉：錢帶給你安慰？

學員：是的。

拉：什麼時候？

學員：當它到了我手裡的時候。

拉：嗯，有趣的觀點。焦慮和恐懼，我們先處理這些吧，因為它們是同一個東西。你在哪兒感到恐懼和焦慮？在你身體的哪個部位？

學員：我的胃。

拉：胃。好，把它從你的胃裡推出去，推到你前面三英尺遠，對你來說它像什麼？

學員：黏的，綠色的。

拉：黏的？

學員：是。

拉：好，它是黏的和綠色的，這是什麼原因呢？

學員：因為我無法控制它。

拉：啊，有趣的觀點。沒了控制。你看見你不再是"我是控制"了，對嗎？你在對自己說，"我無法控制了，我失去掌控了。"這是你行事的潛在假設。"我失去掌控了，我控制不了。"於是，你就非常好地創造了恐懼和焦慮。

學員：是的。

拉：好呀，你是一個偉大光榮的創造者，幹得漂亮！你慶祝過自己的創造力嗎？

學員：帶著羞愧，是呀。

拉：啊！有趣的觀點。為什麼帶羞愧？

學員：因為我不知道更好的。

拉：是呀，但跟你知不知道更好的沒關係呀。關鍵是你現在理解了你是創造者，而你已表明你創造的活兒幹的非常漂亮，這意味著你能做不同的選擇，而你可以創造一個完全不同的結果。

學員：需要戒律。

拉：戒律？不需要。

學員：需要運氣。

拉：不，帶著力量！你是能量，你是力量。"我是力量，我是覺知，我是創造力，我是控制，我是金錢。"不行嗎？這才是你創造的改變，通過成為"我是"你所是而不是"我是"過去所是。開始看看你圍繞著金錢創造過的堅固的觀點吧，看看它感覺是怎樣的。當你感覺到它嵌入了你身體的某個部位，就把它推出去，並且問自己："是什麼樣的潛在觀點，我根據它來運作卻還未看見的？"並允許自己得到答案。然後，不管怎麼樣，允許這個答案終究就是個有趣的觀點。

那我現在可以選擇什麼呢？我選擇"我是創造力，我是覺知，我是控制，我是力量，我是金錢。"如果你創造了"我不是"，你就不可能是。還得慶祝你自己已經創造過的，並帶著偉大光榮的嗜好來慶祝。你已經創造的沒有什麼錯，就帶著偉大光榮的嗜好做吧。你已經創造的沒有什麼錯，除非你自己對它有評判。如果你曾經是一個露宿街頭的拾荒女，那是比你當前擁有的更好還是更差的創造呢？

學員：更糟了。

拉：有趣的觀點。

學員：假如你並不知道的話。

拉：對了，假如你並不知道的話。現在，你知道了，你有選擇，你可以創造。現在，如果你的隔壁鄰居告訴你，你這周領不到工資了，因為"我要花你所有的錢修你弄壞的柵欄"，會發生什麼？

學員：一個有趣的觀點。

拉：千真萬確，這是個有趣的觀點。就是這樣。如果你對它有抗拒或對它有反應，你就固定住了這個觀點，然後，你的鄰居就會花那筆錢。

學員：這麼說，你是在告訴我們，當某人提出負面觀點時……

拉：帶著任何有關金錢的觀點。

學員：好吧，這是個有趣的觀點。

拉：是，當你這麼做時感受你的能量。

學員：好的，然後進入那幾個"我是"？

拉：對。

學員：明白了。燈亮了。

拉：而當你感覺對你的身體有影響時，一個特定的觀點，一個焦慮或恐懼，這是怎麼一回事兒呢？

學員：那是你必須把它拿出來，推出去的。

拉：是的。當你在你的胃部感覺到焦慮或恐懼時，你在談論不要餵太多嗎？

學員：沒有。

拉：你談到過被滋養嗎？那你在談什麼？身體是你在談論的。你覺得金錢就像你身體的功能，似乎它是第三次元的實相。金錢是第三次元的實相嗎？

學員：不是。

拉：不，它不是。然而你試圖讓它是。看看你對金錢的觀點，它是安全感、是房子、是帳單、是食物、是住所、是衣服，那是真的嗎？

學員：是呀，那是你用錢買來的。

拉：那是你用錢買來的，但卻是你選擇這麼做的，不是嗎？

學員：哦，必需品。

拉：這是你在那十秒內選擇的。必需品，哈？有趣的觀點。你會選擇你穿的衣服是必需品嗎？

學員：會。

拉：你會？

學員：是的，我會。

拉：你不是因為它們漂亮或是因為它們讓你看起來好看才選它們的嗎？

學員：很多時間，衣服讓我暖和。

拉：那夏天怎樣呢，當你穿件比基尼的時候？

學員：好問題！我看著好看呀。（大笑）

拉：對了，所以你才做選擇，不是必需品，但你希望感覺是，對嗎？感覺？

學員：是的，但是，你需要呀……

拉：但是！把這個字眼扔一邊去。

學員：呀！（大笑）你得穿鞋吧，而且你總得穿著……

拉：你怎樣穿上鞋的？你可以光腳走路呀。

學員：也許我能，但是……

拉：保證你能。

學員：我需要它們，外邊冷。

拉：需要，哈？

學員：內衣和襪子……

拉：需要，哈？

學員：你必需要有的。

拉：誰說的？你怎麼知道你不能跟你的身體說話並請它來讓你更暖和？

學員：那……

拉：你，作為一個生命體，甚至不需要身體？

學員：哦，那會很酷的。

拉：說得好。

全班：（大笑）

拉：是嗎？

學員：嗯，你必須得有食物，穿鞋子。

拉：我們不穿任何衣物。蓋瑞穿鞋，是因為他是個懦夫，不穿鞋他就不能在雪地上行走。

全班：（大笑）

拉：他認為天氣冷。

學員：本來就冷。

拉：好吧，這是個有趣的觀點。如果你想要冷，應該去西伯利亞試試。

學員：你的孩子們呢？他們餓了的時候？

拉：有多少次你讓你的孩子餓著了？

學員：有幾次。

拉：他們餓了多長時間？

學員：一宿。

拉：那你做了什麼？

學員：從我父親那兒得到了錢。

拉：你創造的，不是嗎？

學員：是的。

拉：你慶祝過自己的創造力嗎？

學員：嗯，我感謝過我父親。

拉：好，這就是一個創造的方式。創造，創造力，是對自己的覺知。是"我是創造力。""我是覺知。""我是力量。""我是控制。""我是錢。"你用這些在抗拒——"但是""需要""為什麼""你必須""這是個必需品。"都是"我不可能擁有"和"我不值得"的觀點。這些就是你運作的潛在出發點。那些觀點創造了你的生活。你希望從這些出發點來創造嗎？

學員：是，我能從金錢的每個面向看到這一點。

拉：是的，但因為你把金錢看成了另外的東西，你把金錢看成什麼了——一切邪惡的根源嗎？

學員：是的。

拉：這是誰的觀點？事實上，它不是你的觀點，是你買來的一個觀點。魔鬼讓你幹這個，哈？你看，這就是你把它當作另外一個東西創造出的實相，不是把它當作你的創造力的一部分。

學員：那假如你對自己說的都是"我是……"，就會把錢裝進我的口袋裡了？

拉：錢會開始進入你的口袋。每當你懷疑時，你就削弱了你在創造的基礎。我們這麼說吧，有多少次你說過，"我想要錢"？

學員：每天都這麼說。

拉：每天都這麼說，我想要錢。你在說，"我缺錢。"你創造了什麼？

學員：但這是真的。

拉：這是真的？不，這只是一個有趣的觀點。你恰恰就創造了你所說的：我想要錢。而你是無意識的，但你創造了"

學員：好吧，假如我想中彩票呢？

拉：如果你"缺少"中彩票，你恰恰會創造——中不了彩票。

學員：感知的力量是我們所說的。

拉：你話語的威力，你覺知的威力，創造你的現實世界。你想做個簡單的練習嗎？說"我不想要錢。"

學員：我們能選別的什麼嗎？

拉：說"我不想要錢。"

學員：我不想要錢。

拉：說"我不想要錢。"

學員：我不想要錢。

拉：說"我不想要錢。"

學員：我不想要錢。

拉：說"我不想要錢。"

學員：我不想要錢。對我說來，這話聽起來是負面的。

拉：真的嗎？"我不想要錢"是負面的？

學員：可是，我們就想要錢呀。

拉：你不想要錢！

拉：這是真的。我不想要錢。感覺它的能量，感覺你說的時候有何感受，"我不想要錢。"想要意味著缺乏，你不停地想要保住那個定義。我是錢。你不可能是"我有錢。"你不可能有你不是的。你已經是"我想要錢"的創造力了，所以你創造了大量的匱乏，不是嗎？

學員：是。

拉：好，那麼你現在能說"我不想要錢"了嗎？

學員：我不想要錢（重複很多遍）。

拉：現在，感受你的能量，你是輕的。感覺到了嗎？

學員：是，我暈暈的。

拉：你暈是因為你已經創造的東西毀掉了你現實的結構，就在你創造它時。

學員：我可以說"我是富有的"嗎？

拉：不能！！什麼是富有？

學員：快樂。

拉：真的嗎？你認為唐納德·特朗普是快樂的？

學員：不，不是錢多。

學員：哦，就像是錢控制了我們必須去做。

拉：這是個有趣的觀點，你從哪兒得到的這個觀點？

學員：因為……

拉：你從哪兒得到的這個觀點？

學員：我通過思考產生的這個想法……

拉：看吧，它是思考得來的，那你有麻煩了。（大笑）你感覺它好嗎？

學員：不好。

拉：不，感覺不好，它不是真的。如果你說"我是富有的"，感覺好嗎？

學員：會感覺好的。

拉：哦，有趣的觀點——那感覺好嗎？你怎麼知道？你富有過嗎？

學員：好，我有過錢……

拉：你富有過？

學員：沒有。

拉：沒有。你能富有嗎？

學員：能。

拉：真的嗎？當你只能說"如果我是"時，你怎麼能富有呢？你看，你在看著未來，一個對它的期待，它應該是的樣子，而不是它如實的樣子。

學員：是的，是的，就像你有個老闆會付你錢，而你必須照他說的做，並且你必須……

拉：你有一個老闆在付你錢嗎？

拉：現在還沒有，但是……

拉：這不是真的，你有一個老闆在付你錢，而她只付你微薄的薪水，因為對她能做的她不收錢。你就是她！你就是你的老闆。創造你的生意，創造你的生活，允許它來到你面前。你流連在衣櫥邊喃喃自語說"我做不到，我做不到，我做不到。"誰在創造那個觀點？如果你說"我能夠，我明白"而不是"我不行，我不明白"那會怎樣？你的能量會發生什麼變化？感覺你的能量。

學員：我就卡在這個觀點上了，孩子沒有錢就沒飯吃。

拉：誰說你會沒有錢？是你說的，你假定除非你做一些你憎恨的事，否則你不會有錢。你多長時間能把工作當作好玩兒的事兒？

學員：從沒有過。

拉：這是個觀點；這是個潛在的觀點。然而，你說，我的工作是拿著水晶球占卜未來。你從不把自己看成是有樂子的，你愛你做的事嗎？

學員：是的。

拉：既然你做你愛的事，如何就不允許自己去接收呢？

學員：我還不太清楚，我需要更多資訊。

拉：你不需要更多資訊，你有十萬世做水晶球預言家的資訊，任你使用。現在，你對學習有什麼話說嗎？除了，哦，大糞？

全班：（大笑）

拉：崩潰了，崩潰了，你們沒有地方可躲了。

學員：所以，我閱讀從水晶球裡看到的，而讀的不對，我覺得自己是個蠢蛋。

拉：是的。（大笑）你怎麼知道你讀的不對？

學員：好……

拉：好？

學員：我不知道。

拉：那他們會再來嗎？

學員：我不知道。

拉：當你為下一個人讀水晶球，而你做對了，他們還會再來嗎？

學員：是，我不得不說是的。

拉：那麼，你怎麼說你還不知道呢？你在對誰撒謊？

學員：什麼？

拉：你在對誰撒謊？

學員：是，是……

拉：你在對誰撒謊？你在對誰撒謊？

學員：我向你發誓，我不知道我看見什麼了。

拉：那不是真的，那不是真的。如果他們認為……你怎麼還會有回頭客呢？

學員：我明白了。

拉：是的，你明白了。是什麼讓你認為你總是讀不正確？有多少顧客不會再來找你了？

學員：一個都沒有。

拉：天，一個不可救藥的人，她深信不疑，不是嗎？她鐵了心要確定她這一生沒有錢，沒有豐盛，沒有繁榮。你有個多麼有趣的老闆啊。不僅你沒給自己優厚工資，你甚至都沒看到自己的生意多棒。因此，為了知道你做得有多麼棒，你創造了一次又一次的回頭客。你知道會有多少顧客在增長，為你的人生帶來豐盛嗎？

學員：差不多每週有 30 多人。

拉：好，你能允許那 30 多人進入你的空間嗎？

學員：能，沒問題。

拉：沒問題嗎？

學員：沒問題。

拉：你確定？

學員：是，我對此很積極。

拉：好，那麼，你能允許自己有十萬美元、百萬美元嗎？

學員：能。

拉：十萬美元？

學員：能。

拉：好的。你現在有些轉變了，非常感謝你！我們都很讚賞。你是一個創造者，一個偉大的充滿榮耀的創造者。每次你完成了你喜愛的水晶球解讀都慶祝你自己一下，並從愛出發來工作，不是幹活兒，是找樂兒。你在所做的事情中獲得樂趣，你不是在幹活兒。幹活兒感覺像狗屎，好玩兒就是好玩兒，而且你可以一直做下去。你如是地創造，沒有別的。你可以從打氣中獲得樂趣，你可以從擦窗戶中獲得樂趣，你可以清潔衛生間並從中獲得樂趣。而你將因此得到報酬，你將得到了不起的，充滿榮耀的繁榮。但這唯有當你帶著樂趣做才可以。如果你把它看成是個活計，你就把它當成你所憎恨的什麼東西在創造了。這就是這個地球上幹的：工作是遭罪、困難和痛苦。有趣的觀點吧？

學員：如果你不知道你要做什麼將怎樣？

拉：但是你知道。

學員：我知道，但是以前，我不知道，我就那麼做了。

拉：過去你是怎樣連通水晶球能量的？你允許自己連結到直覺和洞見，你請求宇宙來配合你的願景並給予你想要的。你創造過，作為願景，你有你作為存在的力量和知曉；作為覺知，你確定它會發生；作為控制，你允許宇宙提供給你。所以說，你已經有了四個要素來成為"我是錢"。明白了嗎？

第四章

金錢對你來說感覺是怎樣的？

拉斯普廷：好，下一個問題，哪位願意做下一個問題的志願者？

學員：我願意。

拉：好的。下一個問題是什麼？

學員：對你來說，金錢感覺是怎樣的？

拉：它感覺是怎樣的，是的，正確。

學員：這跟你對金錢感受到的情緒是不同的吧？

拉：嗯，未必。

學員：我來說，"哦，太棒了。"

拉：那麼，對你來說，金錢感覺是怎樣的？

學員：就在剛才，感覺很迷惑。

拉：感覺迷惑。你感覺金錢，那個迷惑，是一種情緒嗎？

學員：一種情緒，也是一個想法。

拉：是一種頭腦的狀態，對吧？

學員：對。

拉：那麼，記得我們談過的頭暈的感覺嗎？

學員：記得。

拉：你打開你的頂輪，並讓它出去了嗎？迷惑是一個被創造出來的金錢意象。是什麼樣的假定讓你必須得有迷惑呢？你必須假定你不知道。那個假定是"我不知道，而我應該知道。"

學員：這就是我感到迷惑的原因。

拉：這就對了。我不知道，我應該知道。這些對立的觀點創造了迷惑，而他們只不過是些有趣的觀點而已。當你說它們每一個都是有趣的觀點時，感受到那轉變了嗎？我應該知道，我不知道。有趣的觀點，我不知

67

道。有趣的觀點，我應該知道。有趣的觀點，我不知道。有趣的觀點，我應該知道。現在，迷惑感覺如何？

　　學員：好，要不是事實是我……

　　拉：當然。

　　學員：對我而言，就在此時，從我的視角看，金錢、能量、力量和創造感覺上似乎非常不真實；當我不面對金錢時，純粹地看它們，又似乎非常清晰，那時我不必非有錢。

　　拉：你是依什麼樣的假設來運作的呢？

　　學員：有一些現實情況是無法理解的。

　　拉：的確如此。

　　學員：這是真正的問題。

　　拉：這不是問題，你就是以這個假設來運作的，它自動地對你說，它不同於你的實相。你的假設是物質實相不同於精神實相，物質的現實才是你真正所是。那個純粹性在這個星球並不存在，你永遠無法將那個純粹性帶到這個星球上。

　　學員：是的。

　　拉：那些都是假設。你從那些錯誤的資訊中創造出了你的實相。

　　學員：是啊，還有這個事實也帶來迷惑——好像其他生命體擁有不同的實相，而其他人貌似並沒什麼迷惑。人們自己，對其他人的觀點，和我相似的人，和我不同的人。

　　拉：而那與什麼有關，你在談的那個？有另外的實相嗎？其他人有不同的實相？是的，有一些。

　　學員：從一個不同的觀點看，而那……

　　拉：有誰不認同她剛才所說的嗎？他們和你有相同的觀點。

　　學員：你的意思是說，他們都迷惑？

　　拉：是的，他們都認為你不可能把精神世界帶到物質世界，整條街的人都有完全相同的觀點。只有那些不買這些觀點的人，不去假定它是完全不可能的，才可能創造，即使他們只能在很小的方式上去創造他們的現實。假如你把你的生活聚焦在賺錢上，你生活中唯一的目標就是做唐納德·特朗普（Donald Trump）、比爾·蓋茨，那不是問題，同樣的意象；同樣的人，不同的身體，同樣的人。他們的生活是有關賺錢的，他們做的一切都跟錢有關。為什麼他們得賺那麼多錢？因為，就像你一樣，他們確信他們下一周就會用完所有的錢。

學員：對他們來說，不就是一場遊戲嗎？

拉：不，對他們來說，那可不是場遊戲，他們從沒有足夠多的錢的觀點出發來運作，他們就永遠都不夠，無論他們做什麼。只是程度上的不同而已，就是這樣。

學員：你是說這些人都沒從他們的財富中感覺到某種自由嗎？

拉：你認為唐納德·特魯普有自由嗎？

學員：在一定程度上，我認為有。

拉：真的嗎？他能開一輛豪車，這給他帶來了自由還是說，他不得不從他身邊想方設法要從他手裡賺錢的人中保護好自身的安全？有27個每天想方設法要從他手裡賺錢的人，給他帶來了自由？

學員：帶來了自由的幻覺

拉：不是，給你帶來了這是自由的幻覺。你只認為那是自由，因為你沒有。他不比你更自由，只是有更多錢花在他不需要的東西上。你認為因為他有更多錢就讓他成為一個更大的靈魂？

學員：不，不確定。

拉：那讓他成為一個更小的靈魂？

學員：沒有。

拉：哦，你們這些傢伙的有趣觀點（大笑）。你們都在想，你只是沒有膽量說出來，“好吧，讓他更糟，因為他有更多的錢。”

學員：對，你說對了。

拉：那，這就是你們在想的，你們沒說出口，但你們想過。

學員：是，有錢讓一些人對他身邊的一切有掌控力。

拉：真的？是，他在控制，他在控制太陽、月亮、星星，他對這些東西盡在掌握。

學員：但是，控制不是……

拉：哦，控制人，這就是你們對偉大設立的標準。

學員：這不是我的標準，不、不、不，這不是我的標準，我們在談論蓋茨和他的並購，以及特魯普和他的並購，來確定他的控制。

拉：實際上，他在控制中嗎？

學員：不，我……

拉：還是他被他對金錢的需求控制了？他的生活完全被製造更多更多更多更多錢的需要制約了。

學員：但是我還是認為他，他所散發的能量吸引……

拉：好吧，你又用了一個詞，是你要自己放進你的清除詞典裡的。

學員：什麼？

拉："但是"。

學員：但是？

拉：但是。每次有人告訴你一些事，你就從中買了一個"但是"（大笑）。

學員：這對於……是真的。

拉：對你們中的很多人、大多數人來說是真的，當你被給予了一條資訊，你就不停地開始創造一個與之相反的觀點，因為它跟你不協調，和你不一致。因為它和你不協調或不同，因為在你這邊，它是抗拒，你不允許它如是，或者因為你對它有反應。根本而言，它就是個有趣的觀點，這個人被金錢所操縱。

學員：這就是我想說的，但我……

拉：不，你還另有觀點，也是一個有趣的觀點，不過如此。

學員：是，我在學習它。

拉：沒什麼價值。每次你創造了一個對金錢的考量，你就給自己製造了一個限制，給你自己！而每當你告訴某人你的觀點是什麼時，你就給他們製造了一個限制。你希望創造自由嗎？那就自由吧，自由根本不用考慮。

假如，你輕鬆、喜悅而充滿榮耀地顯化所有的光，完全沒有考量、沒有制約，這個世界會怎樣？如果你有無限的思想、無限的能力和無限的允許，世界上還會有亂七八糟的塗鴉、無家可歸的人、戰爭、災難和暴風雪嗎？

學員：那麼，有何不同呢，不該有天氣嗎？

拉：如果你沒想過暴風雪，天氣就是天氣，不是非有暴風雪不可。收看電視，可能會有一場雪降臨，是的，他們顯示有場雪了，他們開始談論將有一場多麼大的風雪。1996年有大風暴，1996年第二次風暴，即將有一場強風暴，將會有破壞力，你們最好立刻去商店買多一些物資做好準備。你們有多少人買了這種觀點，並開始以此創造你的生活的？

學員：不是購物，我會花一個下午在公園裡。

拉：你買了這個觀點，這是我們在討論的。你不停地決定那是真的。不要聽信電視裡說的，關掉它。或者只看那些完全不用腦的節目。（大笑）看《史酷比》（大笑）看卡通片，它們的觀點更有趣。你聽新聞，就會非常鬱悶，你就會有很多關於錢的念頭。好了，我們到哪兒了？好，我們回來。迷惑，你們現在理解迷惑了嗎？

學員：沒有。

拉：好，你們想更多地理解什麼呢？你們在製造迷惑。

學員：我是誰？我是一個身體嗎？你在嗎？還有別人嗎？這是現實嗎？有什麼不同？存在到底是什麼？是你嗎？還是一切，純粹的能量，在精神、靈魂和意識之間沒有分離和迷惑，一切即是，就是它，就是它，就是它？沒有什麼可以說明任何事，所以說，一切苦難、一切不幸、一切幻覺、一切分離，以及一切迷惑，好，是什麼呢？是什麼？

拉：是創造物。

學員：對。

拉：你創造了……

學員：所以說，在這個層面上，我們創造了一些事物，那是人類作為一個創造物，這個自我是一個創造物，考慮到有些事物叫作錢，還有地方，也是一個創造物，意思是說，如果我們在華爾街，或者我們 1996 年在歷史上的美國紐約，我們同意了你和這些其他人一起共存。我不理解這一點。

拉：為什麼你不理解？

學員：每個人都是你，你是每個人。

學員：這一點，我不理解。

拉：你在把自己創造成分離，你在把自己創造成分別，你在把自己創造成疲憊不堪，你在把自己創造成憤怒。

學員：我如此受挫。

拉：是，在這之下其實是憤怒。

學員：哦，是的。

拉：因為你感到無力，你把這基本假設作為你運作的出發點，它也就是基本假設的迷惑。每個迷惑都奠基於你沒有力量和沒有能力的想法。

學員：但我不是。

拉：你是。

學員：我感覺我不是。

拉：看看你的生活，看看你的生活，你都創造了什麼。你是從巨額財富開始的嗎？你是從擁有一個宮殿開始，然後完全失去了它嗎？還是你創造又創造，然後對你所創造的陷入了迷茫、懷疑和無力裡，不知道如何控制它，然後它開始背離你，因為你在對你自己製造混亂和懷疑？

是的，這就是你生命的走向，但這些都不是真正的你。你，作為一個存在，有完全的力量創造你的生命，你可以並且將會，而這也會以一個比你能想像的更加壯觀的方式來到。它將來自于你的忠實，而這是為了你的一切。忠實於你自己，忠實於這個知曉——你創造了現存的實相，也忠實於這個覺知——你願意改變，你再也不想成為這樣的了。你需要做的就是這個，願意允許不同的實相。

學員：那如果生活要改變，就意味著創造更多波西尼亞人的混亂意識和無家可歸的人嗎？那意識去哪兒了，我或許已經創造的那黑暗的靈體，或是我的某些部分，它們和電視上的觀點如此分離，或者是無家可歸的人，如果我說，"哦，這不是我的實相，我不相信它，我再也不選擇它"，它會去哪兒？

拉：這不是問題，你看你是在抗拒中這麼做。

學員：對。

拉：對？為了讓改變發生，你必須在允許中運作，而非抗拒，而非反應，而非附和或同意。允許是……

學員：我願意允許它，我只是想要理解在……

拉：你在抗拒中運作是因為你在努力理解某些並不真實存在的事物。其他人，以他們自己的自由意志和選擇，也在創造著某些不存在的事物，一個接受的延續、附和或同意的延續，一個反應或抗拒的延續。那些都是你們世界裡的功能要素；而你，為了改變它，必須在允許中運作。每當你在允許中時，你就改變了周圍的一切。每當有人帶著一些強有力的觀點找上你，你可以說，"哈，有趣的觀點。"允許它，你就轉變了世界的意識，因為你沒買它的賬，你沒抗拒它，你沒對它起反應，你沒讓它成為現實。你允許現實轉變和改變。只有允許創造改變。你必須允許你自己就像允許別人那樣，否則你就買了，你就用你的信用卡為它付了賬。

學員：這樣，世界就變得天下太平了？

拉：當然不會。你們所有人都思考這個一分鐘，我們來做這個。但是，學員們，你們是這兒的豚鼠，好嗎？好了。你只剩下十秒鐘來度過餘生，你將選擇什麼？你的生命到頭了，你還沒做個選擇。你有十秒鐘來度過餘生，你作何選擇？

學員：我選擇不選擇。

拉：你選擇不選擇，但是你看，你可以選擇任何事，假如你開始認識到你只有十秒鐘來創造，十秒就是創造實相所要花的時間。十秒，比你信任的還短，但是從現在起，你必須從十秒遞增中開始運作。如果你在十秒鐘裡運作，你會選擇喜悅還是悲傷？

學員：我已經不得不背上了悲傷。

拉：的確如此。你們看，你從選擇悲傷中創造了你的現實。而當你從過去選擇，或是從對未來的期待中選擇時，你就根本沒做任何選擇，你沒在活著，你沒在活出你的生命，你只是作為一座紀念碑存在著，龐大的限制。有趣的觀點，哈？

學員：是。

拉：好了，你們下一個答案是什麼？在你的清單上的二號是……問題是什麼來著，我們已經忘了。

學員：金錢對你來說，感覺是怎樣的？

拉：金錢對你來說，感覺是怎樣的？是的，謝謝你！

學員：對我來說，我猜，在這個星球上，金錢基本上就是監獄裡的戰鬥……

拉：哈，是吧。非常有趣的觀點，哈？錢感覺像是監獄裡的戰鬥。好，確實描述了這房間裡的每個人。有誰沒看到這是他們創造過的現實？

學員：監獄裡的戰鬥？

拉：對。

學員：我不這麼看。

拉：你不這麼看？

學員：有一點兒，其實，我不理解那是什麼意思。

拉：你不是沒完沒了地戰鬥著去賺錢的？

學員：哦，好吧。

拉：而你沒感覺它是一座你還沒呆夠的監獄？

拉：很好。

學員：我們都在一個相似的現實裡。

拉：你們都活在同一個實相裡。所以說，我們需要來對這個發表一個評論嗎？

學員：是，（學員）和他的易貨貿易系統怎麼樣？

拉：好了，那本身不就是座小型監獄嗎？

學員：我不確定，你怎麼感覺的，（學員）？

學員：是的，是監獄。

拉：是的，是監獄。你們看，每個人都有他們自己的觀點。你在看著 S，看見他的是自由的現實，但是，他在看著唐納德·特魯普是自由的。（大笑）

學員：好吧，你說我們必須得討論這個，行，這種類型的怎麼樣？

拉：允許。有趣的觀點，哈？我感覺被金錢囚禁，對我來說，它感覺像是監獄。對你來說，感覺像是天鵝絨嗎？對你是擴展的嗎？不，感覺是縮減的。它是一個實相嗎？或者是你所選擇的及你如何選擇的來創造你的生命？是你如何選擇的來創造你的生命。它不比牆更真實，但是你認定它們是堅固的，可以阻擋寒冷。於是它們就起了這個作用。所以說，也是你製造了你的有關金錢的限制，以同樣堅固的程度。開始在允許中運作吧，這是你脫離你自設的陷阱的門票。好了嗎？下一個問題。

第五章

金錢對你來說，看起來什麼樣？

拉斯普廷: 好。下一個問題，對你來說錢看起來什麼樣？

學員: 綠色、金色和銀色。

拉: 所以，錢是有顏色的、一致的、固體的。這是錢的真相嗎？

學員: 不是。

拉: 對，錢只是能量，就是這樣。錢的形態是它在這個物質宇宙採用的方式，你已經賦予金錢重要意義和體積，而圍繞著它，你把自己的世界創造成一個固態的，使你創造了不可能擁有錢。如果錢僅僅是你看到的金色或銀色，你最好在脖子上戴許多的鏈子。如果它是綠色的，那你穿綠色衣服就會有錢嗎？

學員: 不會。

拉: 對。所以你必須看到錢，不是以形態的方式，而是對能量的覺知。因為從你能在豐盛中創造金錢的全部出發，這是輕的。

學員：你如何看到能量？

拉：當你拉動能量進入到你身體的每個毛孔時，感受它。這就是你如何看到能量的方式。帶著覺知的感受你將"看"到能量。好嗎？

學員：好。

拉：下一個問題。

第六章

錢對你來說品嘗起來是什麼滋味？

拉斯普廷：現在，下一個問題。下一個問題是什麼？

學員：錢嘗起來是什麼滋味？

拉：好。誰希望回答這個問題？這個問題應該很好玩。

學員：錢嘗起來像是醇厚的黑巧克力味道。

拉：嗯，一個有趣的觀點，哈？（笑）

學員：紙、油墨和污垢的味道。

拉：紙，油墨和污垢的味道，有趣的觀點。

學員：骯髒的眼罩。

學員：我嘴裡兩側的味蕾開始流口水了。

拉：是的。

學員：甜甜的，水潤的。

學員：濕滑的汙穢，倉庫裡的大理石和桃樹。

拉：很好。所以錢對於你們來說，品嘗起來非常有意思哈？要注意錢嘗起來比感覺起來更有趣，這時它有更多的變化。為什麼你會這麼想呢？因為你已經把錢創造成為你的身體機能。對於某學員來說，錢是可以吃的，可以吃的巧克力，是嗎？是的，你們看到每個人對錢是什麼滋味都有一個觀點。滑滑的，有趣的，很容易在舌頭上滑過，對嗎？很容易咽下去嗎？

學員：不容易。

拉：這是個有趣的觀點。為什麼不容易咽下？

學員：很粘。

拉：這是個有趣的觀點：堅硬、厚實、脆的。你們對錢的觀點好有趣。

學員：但這些觀點都是相同的。

拉：這些相同的觀點，都是關於身體的。

77

學員：即使它看起來不同，她……

拉：即使它看起來不同。

學員：……她說是巧克力，我說是有點苦，但我們說的都一樣。

拉：是一樣的，是關於身體的；它必須用你的身體來品嘗。

學員：味道是與身體有關。

拉：是嗎？

學員：是的。

拉：你不能在身體之外品嘗嗎？

學員：不能在一塊英式三明治上。

拉：但是錢，重點是，你能把錢看成是你身體的一個機能嗎？你認為錢是三維空間中的現實，而不是把它看成是創造物的現實。你把它看成是一個東西，一個固體的、真實的、實質的，是一個有味道，有形狀和構造的東西。因此，就會對錢有一種特定的態度。但是如果錢是能量，會是輕或輕鬆的。如果錢是身體，是沉重而有意義的，那麼你就是從沉重和有意義那裡創造金錢，難道不是嗎？

學員：是的。

拉：你所有（對錢）的觀點不是從那裡來的嗎？

學員：所以，當你問我們錢的味道的時候，我們又一次進入了假設之中。

拉：假設。你們持續地假設錢是身體，那就是你生活的地方，你如何運作的方式。你知道，錢是滑滑的，髒的，是這些那些，是細菌滋生的。這是有關錢的多麼有趣的觀點啊。

學員：有時候，錢也是溫暖和冰冷的。

拉：溫暖和冰冷？真是這樣嗎？

學員：還有一個，在金錢背後有一個你持有的信用因素，一個黃金標準就像……

拉：這是一個觀點，一個你買來的思慮。這是現實嗎？不再是了！！（笑）在錢的背後有任何東西嗎？你拿起一張一美元鈔票，你看到錢的後面是什麼？

學員：空氣。

拉：沒別的，空氣！許多空氣，這就是錢後面的的一切！（笑）

學員：好多熱空氣。

拉：好多熱空氣，正是如此（笑）。當你聽人們談論金錢的時候，他們是在以熱空氣創造金錢嗎？他們會像談熱空氣一樣談論錢嗎？是的，但是他們怎樣創造金錢的？錢是非常重要的、沉重的和巨大的，不是嗎？重量就像是一噸重的磚頭。這是事實嗎？這就是你希望如何為自己創造出來的錢嗎？好。所以，看一看錢，感受它。每次當你聽到一個關於錢的思慮時，去感受。這就是你們的家庭作業，跟其他的有關金錢的作業一起完成。每當你感受到一些有關錢的思慮、想法、信念、決定或態度的能量時，感受它擊中你身體的那個部位。感受那個部位的重量，把它變得輕盈。把它變得輕盈。這只是一個有趣的觀點。這只是一個有趣的觀點；就是這樣，它不是一個現實。但是很快你就會看到你的生活曾經怎樣被創造，錢從你的每一個意願，從你在其他人那裡買來的觀念流入進來。在這個配置中，你在哪裡？你已經不在了，你把自己縮小，你已經讓自己消失，你變成了你所謂的金錢的僕人、奴隸。不再比你吸入的空氣更真實。它不再比你吸一口氣更重要。

它不比你看一朵花更重要。花朵帶給你喜悅，對嗎？你看著花朵，它帶給你喜悅。當你看著錢，它帶給你什麼感覺？壓抑。沒有什麼其他的了。你從來沒有對你擁有的錢感恩，是嗎？

學員：沒有。

拉：當你得到一百美金，"哦，這筆錢將付一筆帳單，該死的，我真希望有更多錢。"（大笑）。而不是："哇哦，我過去做了好事是不是？"你對你所創造出來的不歡呼慶祝，你會，"噢，我賺的錢還不夠。"這說明什麼？錢怎麼在你生活中顯化？如果你看著錢，如果你發現一美元在地上，你撿起來，放在兜裡，想"哦，我今天真幸運。"你會想"好傢伙，我之前做了一個偉大事情在顯化嗎？我之前創造了讓錢流向我嗎？"不會，因為地上的不是你認為你需要的 1 萬美金。**需要**這個詞又出現了。

　　學員：錢嘗起來像什麼？

　　拉：你覺得它像什麼？

　　學員：髒的。

　　拉：髒的？難怪你沒什麼錢（笑）。

　　學員：甜的。

　　拉：甜甜的。你的錢多點。

　　學員：好的。

　　拉：好的，好味道，你在股票裡也有一點錢。

　　學員：像水一樣。

　　拉：像水，流走的也快，像水一樣，啊？（笑）就從膀胱裡流出去。還有其他的觀點嗎？沒有，其他人還有別的關於錢的觀點嗎？

　　學員：噁心的。

　　拉：噁心的。你上一次嘗到錢是什麼時候？

　　學員：我小的時候。

　　拉：好。因為你小時候被告知錢是髒的，不要把錢放到嘴裡。因為你買下了錢是噁心的這個觀念。你買下了錢是不好的、錢不是能量、錢是得被避開的觀點。因為錢是髒的，因為錢作為好的東西並沒有給你什麼證明。你在很小的時候就買下了這個觀點，你一直保留這個觀點。你現在能選擇不同的觀點了嗎？

　　學員：能。

　　拉：好。允許你對錢持有的不過是一個有趣的觀點這個事實。無論錢嘗起來像什麼。它不是固體的，它是能量，你也是能量。對嗎？你是否曾經用你對錢的觀點創造出來你的世界？它是髒的，噁心的嗎？你曾經限制錢的數量，因為不希望你是個充滿銅臭味的人嗎？在我的生命中，有時充滿銅臭味是一個好玩的事。（大笑）

第七章

當你看到金錢朝你過來時，
你感覺它是從哪個方向過來的？

拉斯普廷：好。現在，下一個問題。什麼是下一個問題？

學員：你看到金錢從哪個方向來到？

拉：好。你們看金錢從哪個方向到來呢？

學員：從前面。

拉：前面。總是在未來，是嗎？你將在未來有錢，你將變的非常富有。我們都知道這點。

學員：但有時候我會看到錢不從任何地方來。

拉：不從任何地方來會是更好些。但不是任何地方，那是什麼？從任何地方而來是個更好的來源。

學員：除了從上面來以外的其他方向呢？

拉：你為什麼要限制它的方向呢？

學員：我知道，我從來沒有想過。

拉：從沒想過雨是從……

學員：不，雨我是看到的，但我不認為它是從地下而來的。你自己的金錢樹。

拉：是的，讓錢從四面八方為你長出來。錢能從任何地方到來，錢一直都在那裡。現在，感受這間屋子的能量。你開始像錢一樣地創造。你感受到了你能量的不同了嗎？

全班：是的。

拉：是的。你看到錢從哪裡來的了嗎？

學員：從我丈夫那裡。

全班：（大笑）

拉：我丈夫那裡，那麼其他人呢？還有別的地方嗎？

學員：事業。

拉：事業，艱苦的工作。你們在談論的觀點是什麼呢？如果你從其他人那裡尋找金錢，那個人現在在哪裡？在你前面，旁邊或後面？

學員：我後面。

拉：那個人是否是你的前夫？

學員：是的。

拉：是的。所以你在尋找的是過去，從他那裡獲得你的生命。你是從那裡創造的嗎？

學員：不是的，但我想……

拉：是，好吧。你在說謊。所以，第一，拉動這間屋子裡所有地方的能量，從你的面前進入，經過你身體的每個毛孔，拉動它進入你身體中的每個毛孔。好，現在，拉動你旁邊的能量，進入你身體的每個毛孔。現在拉動你下面的能量，進入你身體的每個毛孔。現在拉動你頭頂的能量，進入你身體的每個毛孔。現在能量從四面八方進入，金錢不過是能量的另一種形態，現在把能量轉化成金錢，從所有方向從四面八方進入你的每個毛孔。

注意你如何把錢變得更固化，你們中的大多數人都如此。讓金錢變的輕盈，讓它再次成為你在接收的能量。現在把它變成錢。好。這樣好些。這就是你如何成為錢的，你讓金錢經每個毛孔流動起來。不要看到金錢是從某人那裡到來，不要看到它從某個地方而來，不要看到它從工作而來；你要允許金錢流進來。現在停止你全身的能量流，現在我們希望你把能量從身體前面流出來，盡你所能。流出來，流出來，流出來。你的能量在縮減嗎？不會。感受你的背後，當你讓能量從前面流出時，能量就從後面流進來，你仍然讓能量和錢一樣。

能量沒有枯竭的時候，它是不斷流動的；錢是一樣的。現在拉動能量進入你的每個毛孔，從四面八方而來。好，就這樣。現在留意到當你從四面八方拉動能量的時候，它也從四面八方出去，能量不會停滯。現在把能量變成金錢，你將開始看到錢從地上、四處向你飛來。是的，它進來、出去、圍繞你，穿過你。它不斷地移動，它是能量，就像你一樣。它是你，你是它。是的，就這樣。

很好。現在停止流動。現在，開始流動金錢，從你前方把上百張鈔票流向這個屋子裡的每個人。把錢流出來，大量的鈔票，看到這些錢增加到巨額的鈔票，流出來，流出來，流出來，流出來。注意，你仍在從背後拉能量進來，如果你允許，從你前面流出的能量和你從背後進來的能量一樣多。而且你要保持拉動能量就像拉動金錢一樣。這樣會讓你們明白些嗎？當你認為你沒有足夠的錢付帳單時，讓錢流出去就會有難度，因為你關閉了你的後背的方向，你不願意接收。錢就像它流出來一樣地流入，當你被明天不會有足夠的錢這個觀點障礙時，你在你的內在創造了一個無能。你本來是沒有無能的，是你自己創造出了這個無能。好吧，大家都懂了嗎？下一個問題。

第八章

在你在與金錢的關係中，
你覺得你擁有的比你需要的多還是少？

拉斯普廷：好。下一個問題。

學員：在與金錢的關係中，對於 "我的錢比我需要的多或比我需要的少？" 我要如何感受？

拉：是。在你在與金錢的關係中，你覺得你擁有的比你需要的多還是少？

學員：少。

學員：我會說比我需要的少。

學員：大家都會說少。

拉：是的，這是個給予，是嗎？沒有人認為你們有的已經足夠了。因為你們總是把錢看成是<u>需要</u>，你們將不斷創造的是什麼？需要、不夠。

學員：但是我們明天的帳單要如何付呢？

拉：是的，你看，你們一直看到你明天如何付帳單，確實如此，非常感謝你。它總是關於你明天將如何付帳單。今天你有足夠的錢嗎？是的！

學員：我還好嗎？

拉："我還好"，誰在說這句話？你有一個有趣的觀點。我還好。我很好，我是非常好的，你現在創造更多。

我的錢是奇妙的，我要這麼多錢，我能有我想要的那麼多錢。允許它進來。對你今天你所擁有的實相要心懷感恩。不要擔心明天，明天是新的一天，你創造新事物。機會會來到你身邊，不是嗎？

現在，真言是："生命中的一切都來的輕鬆喜悅充滿榮耀。"（學員們重複這句真言幾次）。好，現在感受一下能量，難道這句咒語和 "我是力量，我是覺知，我是控制，我是創造力，我是錢" 不是一樣的嗎？

學員：還有愛？

拉：還有愛。但你一直都是愛。你曾經一直是愛，你將總是被愛的，這就是一個被給予的。

學員：為什麼？

拉：為何是一個被給予的？你認為你首先是如何創造出自己的？是從愛裡。你是帶著愛來到這個地球的。你唯一沒有輕鬆地給予愛的人是你自己。要把這份愛給你自己，你是錢，你是喜悅，你是輕鬆。

第九章

在與金錢的關係中，
當你閉上眼睛，它是什麼顏色的？有多少次元？

拉斯普廷：在與金錢的關係中，當你閉上眼睛，它是什麼顏色的？有多少次元？任何人都可以說……

學員：三次元的。

拉：藍色的，三次元。

學員：多次元的？

學員：綠色的，二次元。

學員：綠色的，三次元。

拉：有趣。你們大多數都只有次元。有幾個是多次元的，一些人是三次元的。

學員：我有寬廣敞開的空間。

拉：寬廣敞開的空間就好一點兒了。寬廣敞開的空間是錢應該在的地方，感受它的能量。那麼，錢可以從四面八方到來，是不是？而且，它無處不在。當你把錢看成是寬廣敞開的空間時，就沒有匱乏了吧？就沒有縮減，它沒有形式，沒有結構，沒有意義。

學員：沒有顏色呢？

拉：沒有顏色。好吧。因為，你在看美元，金色的怎麼樣？它是綠色的，有三個邊的嗎？不是。銀色的怎麼樣？好，有時候，那差不多是彩虹色的，但還不夠。它是液體嗎？你們有想到液體狀的顏色嗎？

學員：沒有。

拉：商店裡賣東西的人怎麼樣？你希望以什麼方式跟他說話？你們將要去商店購物嗎？假設……

學員：很貴。

學員：是的，這是寬廣敞開的空間，而你，我們正在討論允許你自己有你從未想過的那麼多的錢進來。當你走進商店，你會看你買的每樣東西的價格並把它們加起來看看是多少，來看看是否你有足夠的錢花嗎？

學員：有時候，我不敢打開我的信用卡帳單。

拉：的確。如果你不想知道你欠了多少錢的話，不要打開那些信用卡帳單。（大笑）因為你知道自己沒有足夠的錢來付帳。自動地，你就假設是這樣了。

學員：我只是不要看它。

拉：不要？

學員：去看它一眼。

拉：寫下來，把它寫下來。

學員：要，要，要

拉：要，要。寫下它，把它撕掉。不能用*想要*，不能用*需**要*，不允許了，行嗎？

第十章

在與金錢的關係中，
現金的流入或流出，哪個更容易？

拉斯普廷：好，下一個問題。

學員：在與金錢的關係中，現金的流入或流出，哪個更容易？

拉：這有哪個人說過現金流入更容易嗎？

學員：如果他們這麼說過，他們撒謊了。（大笑）我知道我沒說過。

拉：是，鑒於你們不看自己的信用卡帳單這個事實，它肯定不是真的。

學員：我不確定哪個更容易。

拉：我不確定，有趣的觀點，哈？好吧。那麼，對你們所有人來說，錢是流出的是你最常持有的最重要的觀點。花錢太容易了，但工作就太辛苦了，我得努力幹活賺錢。有趣的觀點，哈？誰在創造那些觀點呢？你們！來，感受金錢，感受進入你身體的能量。好，它來到你前面，感受它進來了。好，現在能量從你前面流出去，感受它從背後進來，允許這一出一進是相等的。現在，感受數百美元從你前面流出去，數百美元從你背後進來。好的。感受數千美元從你前面流出去，數千美元從你背後進來。留意到你們多數人對做這個有些僵硬。放鬆點，那只是錢，不重要，這會兒你甚至無須從你的錢包抽出鈔票。現在，讓百萬美元從你面前流出去，百萬美元從你背後流進來。留意到讓百萬美元流動比讓數千美元流動更容易。因為你已經創造了關於你能擁有多少錢的一個重要性，而當你得到了百萬美元，剩下的就沒有更大的意義了。

學員：為什麼呢？

拉：因為你不認為你將有一百萬，所以，它就是不相干的。（大笑）

學員：哦，讓錢從後面進來讓我感覺更難些，或許我認為我將來會有錢吧。

拉：也許吧，但是你肯定更願意讓你的錢流出去而不是讓錢流進來。這又是一個有趣的觀點，哈？現在，能量流出去和流進來是相等的嗎？勉勉強強吧。但是，對能量來說是沒有限制的，對錢來說也是沒有限制的，除非你、你自己，創造限制。你對自己的生命負責，你創造它，你用你的選擇、你的無意識想法、你假設的觀點，創造了它來對抗你自己。並且，你從認為你沒有力量、你沒有你所是的力量和能量出發來創造它。

第十一章

你最糟糕的三個金錢問題是什麼？

拉斯普廷：下一個問題是什麼？

學員：你最糟糕的三個金錢問題是什麼？

拉：哦，這是個好問題。誰希望自願回答這個？

學員：我願意。

拉：很好，過來，是的。

學員：我非常害怕沒有錢。

拉：哦，是吧，我們討論過恐懼，對嗎？那麼，我們還需要再多談談嗎？那個問題每個人都很清楚了嗎？好，下一個。

學員：我想要買很多東西。

拉：哦，有趣的觀點，買很多東西。你想要買很多東西得到了什麼呢？（大笑）做很多，照顧很多，用很多東西把你的生活填滿。那你感覺有多輕呢？

學員：負擔，然後我發現自己把它們都送出去了，給了鄰居，生日禮物……

拉：是呀，那麼，買很多東西的價值何在？

學員：它在我的血液裡。

拉：那，這種思考是怎麼來的呢？

學員：因為它打擾我。

拉：它打擾你是因為你買東西？

學員：是。

拉：好。那麼，你如何克服購物的欲望？通過成為力量，成為覺知，成為控制，以及成為創造力。而當你進入你感覺需要購物的地方，你購物的原因是因為假設你沒有足夠的能量。讓能量進入你。如果你希望打破購物的習慣，就把錢送給街上無家可歸的人，或者把它捐給一家慈善團體，或者把它送給一個朋友。因為你所做的是你已經決定你會有太多的錢進來。

所以，你必須確保從你的觀點來看，讓現金流相等。你明白你是怎麼做的了嗎？

學員：是，是的，我真的有很多現金流入。

拉：是的。那麼，可能有太多現金流入，而太少的現金流出嗎？沒有。這是個被創造的實相。而你有的和假設的是，如果你有太多現金流入的話，你是不靈性的，你連接不上你的神聖力量。真相是，問題不在這裡，你對如何創造人生所做的選擇才是問題。如果你以能量創造，如果你以力量創造，如果你以覺知創造，如果你以控制創造，你將在生活中擁有喜悅，這是你首先要努力達成的。輕鬆、喜悅並充滿榮耀，這才是你想要的，這才是你尋求的，以及你要去的地方。而如果你們跟隨我們今晚已經給你們的這個方向，這是你們都會達成的。好了，現在，我們解答所有的問題了嗎？

學員：還有一點，同樣的，如果我有錢，並且我感覺，別人沒有，那我就應該給他們錢。所以，我就沒有太多錢了，或者說我擔心我就沒有太多錢了。

拉：那麼，假如你給他們能量會怎樣？

學員：給他們能量而不是錢？

拉：是，這是一樣的。

學員：那當某人在地鐵裡乞討時，你就⋯⋯（大笑）

拉：啊，你剛才已經⋯⋯

學員：他們要一美元，而你就⋯⋯

拉：你今晚在這兒沒吸入能量嗎？

學員：吸了。

拉：你吃飽了能量了沒有呢？吃的目的是什麼？獲得能量。錢的目的是什麼？獲得能量。呼吸的目的是什麼？獲得能量。根本就沒有區別。

學員：它顯得確實不同。

拉：僅僅因為你決定並創造了它是不同的。你假設了它是不同的。

學員：的確如此。

拉：當你假設，你就開始從創造錢不夠、能量不夠的位置來創造了。

學員：但是，它對我似乎並非如此，因為它是"我是人類"這個假設的一部分，這……

拉：嗯，這是個糟糕的假設。

學員：可是，我生活在創造了麵包、水、時間、政府……的人類社會。

拉：所以，你把自己創造為一個身體。

學員：是，在 1996 年的紐約，我把自己創造為了 S。

拉：把自己創造為一個身體。那是你真正希望所在之處嗎？你對此開心嗎？

學員：還行……

拉：不！

學員：我離開這個身體時，曾有過其他似乎糟糕得多的地方，所以，這似乎是個不錯的停留點，來看我會如何解決那個問題。同時，這也是相當差的新的……

拉：是的，而無論你在哪裡，你都以你自己的觀點在創造任何實相。

學員：對我來說，看起來不是這樣的，好像是其他人和我一起創造的或為我創造的，在我之上。我不認為我可以完全說是我創造的，我不這麼認為，或許，但是我不這麼認為。

拉：你不控制我們所說的？

學員：你所說的，我的意思是，你和我以某種方式連接著。

拉：是。

學員：……而每個人都是，可是……而……悖論是你是你，而我對此沒有疑惑，你是個靈性存有。

拉：你也是如此。

學員：而你是某某（另一個學員），你是某某（另一個學員），我們正在一起共有這兒的某些實相，我們在 1996 年的紐約，對嗎？我以某種方式與你在一起，可是，我不認為我是你。

拉：對了，這就是我們一直在討論的，你不認為。每當你認為……

學員：我有個問題。

拉：你有個問題。

學員：你知道了。（大笑）

拉：把你的頭腦扔掉吧，它是個無用的碎片。

學員：然後就從屋頂跳下去。

拉：從屋頂跳下去，開始以你所是的生命漂浮。

你，當你扔掉你的頭腦，停止思考的過程，每個思想都有一個它的帶電元件，創造出你的實相。每當你認為，“我是這個。”“我是身體，”你確實就成為了這個。你不是某某，你是此時某某的一個顯現，而你有過數百萬別的人生和數百萬別的身份。而你此刻仍然還是這些。

以你的觀點，你的意識的最大部分就是此時此刻的意識了，這也不是實相。

當你此刻帶著你完整的意識，不再連接那創造實相的思想，並開始看到你從哪裡得到其他的想法、觀點，以及其他人的態度、信念、決定和想法，你就開始與那些其他維度連接了—— 能給了你在這個星球上，比任何你努力通過你的思考過程來創造的更偉大的實相。而這才是你真正想要去的地方。

思考阻礙生活，因為它不是一個創造的過程，這是個陷阱。下一個問題。

第十二章

你有更多的金錢還是債務？

拉斯普廷：下一個問題。

學員：你有更多的金錢還是債務？

拉：你哪個更多？

學員：債務。

學員：債務。

拉：債務、債務、債務、債務。有趣。每個人都有債務，為什麼會這樣？為什麼你有債務？感受這個詞，“債務”。

學員：哦，它是沉重的。

學員：是的。

拉：感覺像是一砘的磚頭。那麼，我們給你一點兒暗示，如何卸掉它。因為你買了這個對你來說意義如此重大的觀點，它重壓著你，不是嗎？因為它是沉重的，因為它是重要的，因為它是堅固的——你不斷地加碼，加碼，因為你買了這個想法說可以負債，你買了這個想法說人應該負債，你買了這個想法說你不能有足夠多的錢，不管怎麼說，沒有錢，這是真的嗎？

學員：喔，嗯。

拉：有趣的觀點。那是真的嗎？

學員：是，我過去就這麼認為的。

拉：好的，你還這麼認為嗎？

學員：不了。

拉：好。好了，那你怎麼清掉你的帳單和債務？通過償還過去的開支。你能讓過去的開支固化嗎？感覺一下，債務像什麼？

學員：對它沒有評判。

拉：沒有評判，確實如此。而你意味深長地評判自己，關於你的債務，不是嗎？那麼，當你評判自己時，是誰在踢你？

學員：我自己。

拉：沒錯。那麼，為什麼你用製造債務來生自己的氣？好吧，你應該如此。你是了不起的、光榮的債務創造者，你是創造者，你創造出了意義重大的債務，不是嗎？

學員：哦，是的。

拉：非常重要的債務，夥計，我擅長創造債務！好吧，那麼，就把你是光榮的創造者看成是債務吧。作為光榮的創造者，來還清你過去的開支。感覺過去的開支的輕盈，這就是你如何在你的意識上創造一個轉變。輕是工具，當你輕了，你作為錢的輕，你就在你的意識上和你周圍每個人身上創造了一個轉變和改變。而你創造了一個動態的能量，開始轉變你生活的整個域場和你所在的地方，而你創造了你如何接收金錢，金錢如何來到你這裡，以及每件事在你生命中如何行雲流水。但是，要知道你是一個偉大而光榮的創造者，過去你創造出的每件事都的確是你說過的樣子，而你在未來創造的，也恰恰會是你要創造的樣子，通過你做出的選擇。好了，下一個問題。

第十三章

在與金錢的關係中，
為了在你的生活中擁有豐盛的金錢，
有哪三個解決你現在財務狀況的辦法？

拉斯魯廷：好了，我們還有兩個問題，對嗎？

學員：還有一個問題。

拉：還有一個問題。這最後一個問題是什麼？

學員：在與金錢的關係中，為了在你的生活中擁有豐盛的金錢，有哪三個解決你現在財務狀況的辦法？

拉：是吧，哪位想做這個問題的志願者？

學員：我。

拉：很好。

學員：做我喜歡的並做到最好。

拉：做我喜歡的並做到最好？

學員：是。

拉：那麼，什麼讓你認為你無法做你喜歡的並做到最好？這裡，基本的假設是什麼？

學員：我沒有足夠的錢來做到。

拉：好吧，你喜歡把什麼做到最好？

學員：我喜愛園藝和做治療。

拉：園藝和治療？你在做這些事了嗎？

學員：有時候。

拉：那是什麼讓你認為你還沒有得到你想要的？

學員：嗯……

拉：因為你在做你憎惡的事，過一天如過八天？

學員：確實是。

拉：誰創造了這個實相？

學員：可是，好吧……

拉：圍繞著這座城市，他們不需要園藝師嗎？如果你喜歡園藝，怎麼沒做個園藝師呢？

學員：因為我還在做的過程中，在讓它發生，但是我……

拉：那麼，你是從什麼基本的潛在假設來運作的呢？時間。

學員：時間，是的。

拉：是，時間。

學員：已經沒時間去創造了。

拉：是的，已經沒時間去創造了。我們開始的時候討論過什麼？創造力，創造的願景。力量，成為我是力量。你在給予你渴求的事物能量，覺知到對你會擁有它的知曉。你在哪兒持續破壞你知曉你會擁有你所渴求的？你每天都在這麼做——當你去工作時，你就說，"我還沒有得到它。"

學員：是這樣。

拉：你是從什麼觀點來創造的呢？還未得到，而明天你仍不會得到，因為你一直都有你還未得到的觀點。而且，你已經採取了控制的姿態，你已經決定必須有一條特定的必不可少的道路到達那裡。假如那條道路是你不得不接受被解雇，來開始得到，你也不知道，對嗎？但是，如果你決定了，你能做的唯一的方式就是保住你厭惡的工作，因為它將給予你希望去那裡的自由，你就已經創造了一個劃分和一條途徑、一種你必須到達那裡的方式，而不允許豐盛的宇宙來提供給你方式。

好，我們要給你另一個短小的聲明，你可以把它寫下來，貼在你每天都能看得到它的地方。那就是：**我允許豐盛的宇宙為我提供一切設計好的多樣性的機會，圍繞和支援我的成長、我的覺知和我對生命喜悅的表達。**這就是你們的目標，這就是你們要去的地方。

拉：好了，你的下一個答案是什麼？

學員：不欠債，這樣我就能和自己在一起，並且是自由的了。

拉：不欠債。這裡，基本的潛在假設是什麼？我從不欠債和我欠債了。那麼，你每天都對自己說什麼呢？"我欠債了，我欠債了，我欠債了，我欠債了，我欠債了，我欠債了，我欠債了。"你們有多少人欠債了？

學員：很可能我們所有人。

拉：那你們有多少人帶著偉大的豐盛和努力說的？

學員：我沒有。

學員：努力。（大笑）

拉：好，那就不要從那裡去創造。從"我是金錢"來創造。不要擔心你所謂的債務，一次只還一點點就行了。你希望立刻就還完，從來到你的所有收入上抽取 10%，用以償還債務。而且，根本不要把它們叫做債務。聽聽債務這個詞的發音，聽起來不錯嗎，嗯？把它叫做"過去的開支"。（大笑）

學員：我會這麼做的。

學員：非常棒，真的非常棒。

拉：講"我是過去的開支"很困難，對嗎？（大笑）講"我正處於過去的開支"也很困難；可是說，"我在還清過去的開支"是容易的。看吧，你如何才能不欠債？我們也不能忽視那裡的自由。潛在的觀點是，你沒有自由，這意味著你沒有力量，意味著你沒有選擇。這是真的嗎？

學員：不。

拉：不。你已經選擇了你的體驗，你人生中的每一個體驗，你人生的每一個體驗都是關於什麼的？在你的內在，創造更大更大的覺知。你在過去所選擇的，沒有什麼是為了其他的目的，而不是為你覺醒於你自己的實相和真相，不然你今晚就不會在這裡了。對嗎？

學員：你可以再重複一遍嗎？

拉：你人生中，你做過的或選擇的，沒有什麼是為了其他的目的而不是為了覺醒於你自己的真相，不然你今晚不會在這裡的。這麼說怎麼樣？我一個字一個字地說了。（大笑）好了，你下一個觀點是？

學員：過更簡單的生活。

拉：這是什麼臭大便。（大笑）

學員：我知道。（大笑）我寫下它的時候就知道了。（大笑）

拉：你們沒有誰想要一個更簡單的生活，更簡單的生活太容易了——你死了！這樣，你就有簡單的生活了。（大笑）死亡是簡單的；生活，生命是一個豐盛的體驗。生活是一切的豐盛，生活是喜悅的豐盛，輕鬆的豐盛，榮耀的豐盛，這是你的實相和真相。你是無限的能量，你在所有事物中，這個世界由此構成，每當你選擇是金錢、是覺知、是控制、是力量、是創造力，你就把這個物質的地球改變成了人們可以真正帶著絕對的覺知、絕對的喜悅和絕對的豐盛來真正生活的地方。不僅是你，這個星球上的其他存有都會受你選擇的影響。因為你就是他們，而他們就是你。當你卸掉你自己的思考，當你不再傳遞你的思考並以你的思考粘住別人，你就創造了一個更輕盈的地球，一個更覺醒、更覺知的文明。那麼，你想要的，你一直希望的和平與喜悅之地將會實現。但是你們是它的創造者，知曉這一點，成為創造的喜悅，並持續創造。

現在，我們再次重申，你們的工具是，當你感到關於金錢想法的能量向你湧來時，你感到它們的侵入，就倒轉它們，讓它們離開你，直到你可以再次感覺到你是你的空間為止。然後，你會知道，它們不是你，你創造過那個實相。

記住，通過與能量和力量連接，你創造你將擁有什麼的願景；並通過覺知到那已經是存在的實相，因為你就是這麼想的。你不用控制如何到那裡，你就是控制，所以，豐盛的宇宙能為你多快地提供，它就會那樣快地發生。它會發生的，不要判定。為每天你實現的每件事而心懷感恩，當你得到一美元時，感恩，當你得到五百美元時，感恩，當你得到五千美元時，感恩，並且，你要把你的債務稱作過去的開支，而不是債務。你人生中不欠任何東西，因為沒有過去，沒有未來，只有十秒鐘來創造你的人生。

請在面前放好你的真言："生命中的一切都來得輕鬆、喜悅並充滿榮耀。"說，"我就是力量，我就是覺知，我就是控制，我就是創造力，我就是錢。"每天早上說十次，晚上說十次。把這句話貼到你可以看到它、跟其他人分享的地方。“我允許豐盛的宇宙為我提供一切設計好的多樣性的機會，圍繞和支援我的成長、我的覺知和我對生命喜悅的表達。”並且成為它，因為那是你的真相。那麼，今晚就這麼多。在生命的每個面向成為錢。我們帶著愛與你們告別。晚安！

ACCESS CONSCIOUSNESS®

生命中的一切來得輕鬆、喜悅、充滿榮耀!®

All of Life Comes to Us with Ease and Joy and Glory!™

網址：
www.accessconsciousness.com

www.ingramcontent.com/pod-product-compliance
Lightning Source LLC
Chambersburg PA
CBHW081510200326
41518CB00015B/2444